浙江省海洋海岛旅游发展研究

徐云松　叶乐安◎编著

上海交通大学出版社
SHANGHAI JIAO TONG UNIVERSITY PRESS

内容提要

本书从国内外海洋海岛旅游的发展状况出发，分六章深入剖析了浙江省海洋海岛旅游的资源禀赋和发展基础、政策环境、空间格局与竞争力，并用翔实的数据比较分析了浙江滨海5市旅游经济状况以及滨海26个县(市、区)海洋海岛旅游发展的情况，同时也列出了每个章节研究中的不足之处，最后提出相应的对策和建议。

本书适合高校及研究机构的学生及研究人员；各涉海、涉岛旅游行政管理部门及投资者；关心海洋海岛旅游发展的读者。

图书在版编目(CIP)数据

浙江省海洋海岛旅游发展研究/徐云松，叶乐安编著. —上海：上海交通大学出版社，2018

ISBN 978-7-313-19046-8

Ⅰ.①浙… Ⅱ.①徐… ②叶… Ⅲ.①岛—旅游资源开发—研究—浙江 Ⅳ.①F592.755

中国版本图书馆CIP数据核字(2018)第037414号

浙江省海洋海岛旅游发展研究

编　　著：徐云松　叶乐安

出版发行：上海交通大学出版社　　地址：上海市番禺路951号

邮政编码：200030　　电话：021-64071208

出 版 人：谈　毅

印　　制：虎彩印艺股份有限公司　　经销：全国新华书店

开　　本：787mm×1092mm　1/16　　印张：13.75

字　　数：162千字

版　　次：2018年3月第1版　　印次：2018年3月第1次印刷

书　　号：ISBN 978-7-313-19046-8/F

定　　价：68.00元

编　委　会

序　言

海洋占整个地表面积的71%，拥有丰富的资源和可通达性，是全球生命支持系统的基本组成部分和实现可持续发展的宝贵财富。21世纪是人类开发利用海洋的新世纪，联合国《21世纪议程》指出："沿海国家应当探索扩大依靠海洋资源开发消遣和旅游活动的潜力。"处于大气圈、水圈、陆圈和智慧圈过渡带的海岸带，经济发达、人口和大城市集中，世界上经济最发达、影响力最大的20个国家（G20）全部临海且其经济中心几乎都位于海岸带上，世界上超过60%的人口生活在距海岸100km的范围内，渔业、交通运输和旅游成为海岸带最重要的功能。自1992年起，旅游业就成为世界规模最大的产业，在总收入、就业、增值、投资和纳税等方面，对世界和各国经济做出了重大的贡献，并且发展迅速。它将继续成为21世纪最大、最集中、最具竞争力的产业，其产业规模前所未见。

世界城市旅游联合会（WTCF）的数据显示，2016年，全球旅游总人次首次突破百亿，达105亿人次，较上年增长4.8%，为全球人口规模的1.4倍；全球旅游总收入达5.17万亿美元，较上年增长3.6%，相当于全球GDP的7.0%；2016年全球旅游经济增长对世界GDP增长的贡献率为5.49%。全球旅游形成三足鼎立格局，欧洲、美洲、亚太三大板块在全球旅游占据绝对主体地位，全球十大旅游目的地国均来自于上述三个区域；就其内部格局而言，欧洲板块和美洲板块比例持续下降，亚太板块比例显著上升。新兴经济体旅游经济增长格外显著，近年来新兴经济体国家的旅游总人次和旅游总收入增速显著超过发达经济体国家，其在全球旅游总人次和总收入中的比例显著上升。国际旅游人数和国际旅游收入是衡量一个国家旅游业发展的重要指标。2015 年，国际游客人数(过夜游客)达到 11.86 亿人次，国际旅游收入达到 1.26 万亿美元，国际游客接待人数超过 1000 万人次的国家和地区有 31 个，主要分布于亚洲、欧洲、美洲地区。这 31 个国家中，除奥地利、匈牙利、捷克 3 国之外，其余 28 个国家和地区均拥有大范围的海域或岛屿，其国际旅游总收入超过 9000 亿美元，国际游客人数超过 8 亿人次，占比均超过或接近全球国际旅游收入和国际游客人数的 70%。这很大程度上说明，广大的海洋海岛、滨海地区是国际游客的主要目的地，海洋海岛旅游是国际旅游的主要形式。

海洋海岛旅游是以海洋海岛和滨海地区为旅游场所，以探险、观光、娱乐、运动、疗养等为目的的旅游活动形式。与海洋有关的特色旅游项目开发将成为世界休闲旅游发展的一大新热点，同时也预示着以海洋生态旅游为主题的休闲旅游时代的到来。

中国濒临太平洋西岸，拥有 1.8×10^4km 的大陆海岸线、1.4×10^4km 的海岛岸线、10312 个岛屿岛礁(含港澳台地区，海岛总面积占陆地面积的 0.8%)、300×10^4km^{2}的专属经济区海域、200×10^4km^{2}的潮间带滩涂、16×10^4km^{2}的浅海海域，其中海岸线长度居世界第四位，大陆架面积位居世界第五位，专属经济区面积居世界第十位，中国具备发展海洋海岛旅游的资源禀赋条件。国家海洋局《中国海洋经济统计公报 2016》显示，2016 年我国海洋生产总值达到 70507 亿元，占我国 GDP 的比重为 9.5%。而在海洋主要产业的构成中，滨海旅游业、海洋交通运输业和海洋渔业是绝对主体，滨海旅游业的占比达到了42.1%，它是我国海洋经济的重要组成部分。

中国是世界上海岛(礁)数量最多的国家之一，丰富的海岛资源是我国海洋海岛旅游发展的基石。根据2012年国家海洋局出版的《中国海岛(礁)名录》，我国海岛(礁)数量有10312个(含港澳台地区)，分布在沿海14个省(自治区、直辖市、特别行政区)，49个副省级和地级市，168个县(市、区)。海岛陆域面积台湾岛、海南岛、崇明岛、舟山岛依次排名前四位。我国海岛分布不均，若以各海区分布的海岛(礁)数量而论，东海最多，约占66%；南海次之，约占25%；黄海居第三位，渤海最少。若以省级行政区海岛(礁)分布的数量而论，浙江数量最多，3820个，约占我国海岛总数的37%；其次是福建，2215个，约占21%。进入新世纪以后，我国的海洋海岛旅游业取得了巨大进步，旅游收入从2001年的1072亿元增加到2016年的12047亿元，15年间增加了10倍，年均递增达到17.5%；海洋海岛旅游收入占整个海洋产业的比重也由2001年的18.7%增加到2016年的27.8%。我们可以得出这样一个结论：海洋海岛旅游业无论是对于我国海洋经济发展还是旅游业总体发展都具有十分重要的作用。

浙江历来重视海洋海岛资源的保护和开发。习近平总书记在浙江任职期间，非常重视海洋产业发展，他先后14次前往舟山群岛调研。2002年底，刚到中共浙江省委书记任上不久的习近平就奔赴舟山考察，他语重心长地对当地的干部们说："舟山要把海洋经济这篇文章做深做大"。2015年5月，习总书记又一次视察舟山，深情地说："我喜欢海边，喜欢海岛，更喜欢舟山。"

2006年，也是在习近平任浙江省委书记期间，浙江省委省政府召开了全省第一次旅游发展大会，吹响了旅游大发展的集结号。浙江省委省政府一任接着一任干，矢志不渝，旅游业快速发展。2016年，全省旅游总产出已达8300亿元，接待游客总人数达5.8亿人次，旅游业增加值达3305亿元，旅游业增加值已占GDP比重的7.1%，旅游业成为名副其实的国民经济支柱产业。舟山、宁波、台州、温州、嘉兴等五个市的海洋海岛旅游正呈现出有创新、有亮点、有成效的发展态势，舟山中国(浙江)自由贸易实验区也正成为我省海洋经济、海洋海岛旅游产业发展的“新航母”。“十三五”作为浙江打造海洋经济强省的关键时期，各地政府、旅游及相关部门正在紧抓第十四届省委提出的省域大景区建设、诗画浙江大花园行动以及旅游业万亿产业的战略机遇，我们有充分的理由相信，浙江明天的海洋海岛旅游业一定会带给人们更多美好的体验和享受。

舟山市人民政府总规划师、教授级高级工程师　**周建军**

2017年10月1日

前　言

浙江是个海洋大省，其陆域面积为 $10.18\times10^4km^2$，海域面积为 $26\times10^4km^2$；浙江是我国海洋海岛资源最丰富的省域之一，其海岸线长度、海岛数量均居全国第一。但就促进海洋海岛旅游发展角度而言，较之海南、青岛、大连、厦门等国内著名涉“海”旅游目的地，其优势和劣势均很明显：其优势是岛屿众多，不少岛屿拥有人文沉淀，且距滨海城市普遍较近，即使是东海洋面最东的美丽无比的东极列岛，从舟山本港出发也不过三个小时；其劣势则主要是近岸滩涂较多，一年 365 天海水基本呈“黄色”，旅游的亲水功能较差。因此，研究浙江的涉海旅游，须以海岛为主，这是浙江涉海旅游的特色所在，但是，从海洋海岛旅游向概念更大内涵更丰富的海洋旅游发展，则是浙江旅游人奋斗目标所在。这也是本书定名的缘由。

《浙江省海洋海岛旅游发展研究》首次对浙江省海洋海岛旅游发展做了较为翔实的阐述，它从省域、涉海市域及县域三个维度进行全景式的梳理，重点分析研究了市域、县域海洋海岛旅游发展，涉及海洋海岛资源、政策、旅游基础设施、旅游产出、产业融合、项目投资、区域发展等领域，弥补了以往该领域研究的空白。

本书共分为六章，具体结构和内容如下：

第一章主要从海洋海岛的地理分布、海洋生态环境、海洋渔业及港口、海洋公共基础设施等方面，阐述了浙江省海洋海岛旅游资源禀赋与发展基础。

第二章在相关旅游政策和法规制定背景和原则的基础上，较为全面地梳理了浙江省海洋海岛旅游发展政策、海洋渔业支持政策、邮轮支持政策。

第三章阐述了浙江省海洋海岛旅游“一岛三群四域六湾”的空间格局和发展模式，并借助迈克尔波特的钻石模型，论述了浙江省海洋海岛旅游发展的竞争能力。

第四章从市域和县域两个层面比较了浙江省嘉兴、舟山、宁波、台州、温州等滨海5市目前旅游业发展的主要指标；从行业发展、旅游投资两个维度对5市旅游经济发展进行了全方位的解读与比较。

第五章全面梳理了浙江省滨海5市以及滨海26县(市、区)海洋海岛旅游业发展现状与存在问题。

第六章分析了浙江省海洋海岛旅游的发展趋势，同时针对每个章节中浙江省海洋海岛旅游发展的不足，提出了具体的、操作性较强的对策和建议。

本书在研究过程中受舟山群岛新区政策研究室(发展研究院)资助。本书的撰著由两位主要作者发起并拟定框架，叶乐安参与了一、二两章的撰写，李冬参与了第三、四章的撰写，叶乐安、叶斐参与了第五章的撰写，徐云松撰写了第六章。本书的完成要感谢舟山群岛新区政策研究室郑学军主任、孙建军副主任，舟山群岛新区发展研究院何军副院长以及浙江工商大学陈觉教授、浙江海洋大学马丽卿教授，他们提出了不少有价值的建议。

本书的初衷是能为各涉海、涉岛旅游行政管理部门及投资者在决策时提供比较详实的数据参考，能为全省海洋海岛旅游业发展提供借鉴和建议。由于本领域的研究缺乏可资借鉴的基础性材料，再加上研究团队能力有限，其中一定存在诸多不足，在此深表歉意！期待书稿付梓后，能够得到更多的学者、专家和相关部门领导的批评和指正！

徐云松　叶乐安

2017年7月于杭州

目　　录

第一章

浙江省海洋海岛旅游资源禀赋与基础

第一节　海洋海岛地理分布

一、总体状况

浙江省海洋资源十分丰富，海岸线长度、海岛数量均居全国首位。浙江省濒临东海，海岛众多，但90%以上为无人岛。舟山岛为浙江第一大岛、我国第四大岛，面积502.65 km^2，是国家旅游综合改革试验区和重点开发区域之一。水深在200 m以内的大陆架面积达$23\times10^4km^2$，海域面积$26\times10^4km^2$。浙江省由北向南具有海岸线的市依次是嘉兴、杭州、绍兴、宁波、舟山、台州和温州七市，均濒临东海。由于绍兴、杭州两市海岸线很短且濒临杭州湾，其海洋海岛旅游在整个旅游业中的比重也很小。因此，为了增加可比性，本报告的分析与研究仅限嘉兴、宁波、舟山、台州和温州五市(见表1-1)。

二、海岸线

浙江是个陆地小省，却是海洋大省，海域广阔，岛屿星罗棋布。其中，海岸线总长6486km，占全国海岸线总长的20.3%，居全国第一。大陆海岸线居中国第5位，岸长水深，可建万吨级以上泊位的深

表 1-1　浙江滨海 5 市海岛、海岸线、海域与港口情况

地区	海岛数量/个	大陆海岸线/km	海域面积/$\times10^4km^2$	主要港口
嘉兴	29	121	0. 46	乍浦港
宁波	527	787	0. 82	北仑港、象山港
舟山	1383	—	2. 22	沈家门
台州	687	639	0. 94	石塘
温州	435	664	1. 10	乐清

注：海岛数量统计范围指面积大于 500 m^2的海岛。

水岸线 290. 4 km，占全国的 1/3 以上，10 万吨级以上泊位的深水岸线 105. 8 km。

三、海岛

浙江是我国海岛最多的省份，海岛在发展海洋经济中有突出优势，海岛的开发利用与保护对推进海岛地区加快发展、建设海洋经济发展示范区等具有重要意义。浙江岛屿面积在 500 km^2以上的海岛共有 3061 个，海岛数量占全国海岛总数的 44%。前十大海岛中，除了玉环岛以外，其他均属于舟山市，如表 1-2 所示。

浙江海岛大多分布于大陆近岸海域，以宁波—舟山近岸海域和岱山—嵊泗海域为主，62%以上的海岛距大陆不足 20 km，隶属于嘉兴、宁波、舟山、台州、温州，涉及 17 个滨海县(市、区)。从县(市、区)分布上看，舟山市 1383 个，占全省总量的 45. 2%，居全省第一；台州市 687 个，宁波市 527 个，温州市 435 个，嘉兴市 29 个。截至

2016年底，全省有常住人口的海岛148个，仅占全部海岛总数的4.8%，大部分为无人海岛。上述情况表明，浙江海岛总体呈无人岛多、有人岛少，近岸岛多、远岸岛少，东部沿海岛多、浙北岛少的特点(见图1-1)。

表1-2　浙江十大海岛基本情况

海岛名称	面积/km^2	常住人口/人	所属地区
舟山岛	502.65	501679	舟山市
玉环岛	169.51	390000	台州玉环
岱山岛	108.99	113983	舟山岱山
六横岛	97.79	54726	舟山普陀
南田岛	86.37	29790	宁波象山
金塘岛	77.43	33868	舟山定海
朱家尖岛	63.19	26406	舟山普陀
衢山岛	59.94	55339	舟山岱山
桃花岛	40.64	15537	舟山普陀
高塘岛	39.11	17000	宁波象山

四、海港

浙江沿海港口资源丰富。以地级市区分，可以划分为嘉兴、舟山、宁波、台州和温州5大港域36港区，分布于沿海19个县(市、区，见图1-2)。其中，舟山海域的港区最多，有11个；嘉兴海域的港区最少，只有3个；而宁波海域、温州海域和台州海域的港区分别达到8个、7个和6个(见图1-2)。

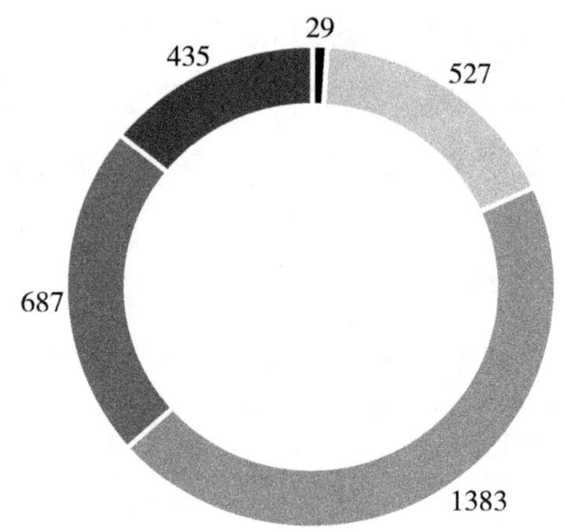

图 1-1 浙江滨海 5 市海岛分布

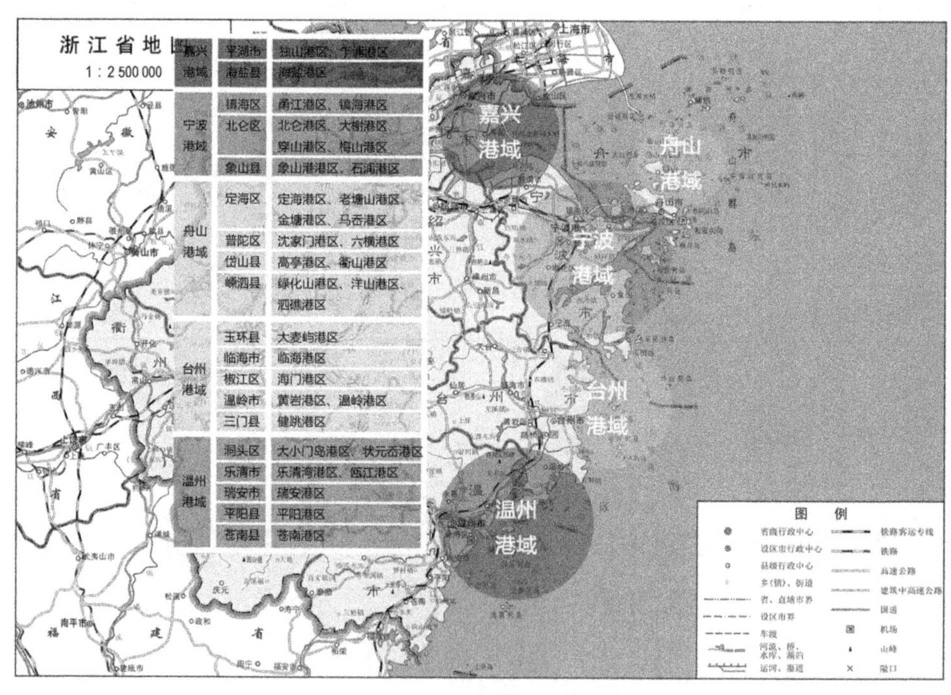

注：本图来源于浙江省测绘与地理信息局编制的天地图。

图 1-2 浙江滨海 5 市港区分布

第二节　海洋生态环境

一、海洋气候

浙江海域自北向南处于亚热带季风气候带，由于独特的地理位置和气候条件，历来是洪涝台旱灾害多发地区。洪涝台旱等灾害交替发生，每年5、6月份梅雨集中，易成洪涝，7、8月份受太平洋副热带高压控制，容易发生干旱，8—10月份沿海地区又常受台风袭击。年均降水量为1600 mm左右，是我国降水较丰富的地区之一，全省多年平均水资源总量为$937\times10^8 m^3$，但由于人口密度高，人均水资源占有量只有2008 m^3，舟山海岛人均水资源占有量仅为600 m^3。

二、海洋资源

浙江海域面积广阔，达$4.24\times10^4 km^2$，其中内海面积$3.09\times10^4 km^2$，领海面积$1.15\times10^4 km^2$。近海拥有海洋生物2万多种，其中海洋鱼类就达3000多种，这为浙江沿海的海洋捕捞与海鲜美食奠定了坚实基础，也为海洋海岛旅游提供了丰富的旅游产品。

浙江沿海大陆架盆地有着良好的石油和天然气开发前景。海洋能蕴藏丰富，可开发潮汐能装机容量占全国40%、潮流能占全国一半以上，利用潜力巨大，潮汐能、波浪能、洋流能、温差能等可开发的海洋能居全国首位。

三、海洋灾害

海洋灾害种类多，包括海啸、风暴潮、海浪、海冰、赤潮、绿潮，以及海平面上升、海水入侵、土壤盐渍化和咸潮入侵等。往年，浙江海域赤潮高峰多在 5、6 月份，沿海潮汐类型复杂，潮差变化显著。

2016 年，浙江省海洋灾害以风暴潮、海浪、低温冻害为主，赤潮、咸潮入侵、海平面变化、海岸侵蚀等灾害也有不同程度发生，各类海洋灾害共造成直接经济损失 4. 02 亿元。台风风暴潮是海洋灾害直接经济损失的主要来源。2016 年浙江沿海共发生台风风暴潮灾害 2 次，造成直接经济损失 2. 40 亿元，占总直接经济损失的 59. 7%。风暴潮灾害造成的直接经济损失与近 10 年平均值 12. 47 亿元相比，占 19. 2%。其中，损失最大的是温州，直接经济损失为 1. 19 亿元，占全省的 49. 6%；其次是宁波市，直接经济损失为 1. 07 亿元，占全省的 44. 5%。

第三节　海洋渔业及港口

一、海洋渔业

2016年，浙江省海洋生产总值6700亿元，比上年增长8.4%，全省水产品总产量631×10^4t，渔业增加值518亿元，渔民人均纯收入23085元，比上年增长4.8%、3.0%和7.3%。

2014年起，浙江省海洋与渔业局、省旅游局联合认定了三批共计20家“浙江省省级休闲渔业精品基地”，如岱山县衢山凉峙渔家乐、嵊泗县石柱渔家乐、玉环县江岩渔村等；2016年，浙江省公布的第二批省级特色小镇中，舟山市定海远洋渔业小镇、沈家门渔港小镇、朱家尖禅意小镇名列其中。其中，沈家门渔港是我国最大的天然渔港，开埠至今已600多年，独特的渔港小镇民俗风情和渔业文化氛围，让沈家门渔港成为舟山市海洋海岛旅游的一块金字招牌，借助特色小镇打造，沈家门渔港由传统渔港向休闲渔港转型，不但符合浙江省七大产业培育导向，对浙江全省渔港综合开发、旅游产业转型升级和海洋海岛旅游品质提升具有引领示范作用。

二、港口

“十二五”期间，浙江省沿海港口新建万吨级以上生产性泊位60

个，总量达 219 个；新增港口货物吞吐能力 24×10^8t，总吞吐能力达 10×10^8t，新增集装箱吞吐能力 710 万标箱，集装箱总吞吐能力达 1800 万标箱；其中宁波舟山港吞吐能力达 78×10^8t(集装箱 1600 万标箱)。2016 年，全省沿海港口货物吞吐量累计完成 14.29×10^8t，同比增长 6.44%，居全国第二位；集装箱吞吐量累计完成 2508.75 万标箱，同比增长 4.43%，居全国第三位。2016 年，宁波舟山港货物吞吐量 9.2×10^8t，其中宁波港域完成 5.0×10^8t；集装箱吞吐量 2156.1 万标箱，增长 4.5%，吞吐量居全国第三位，其中宁波港域完成 2069.6 万标箱，增长 4.4%。

良好的港口资源能够促进浙江省海洋海岛旅游的发展和旅游目的地的形成。一方面，大型的港口如宁波—舟山港本身就是一种工业旅游产品，港区游览、货物起降、货物传送、智能仓储、智慧物流等均是游客向往的旅游体验；另一方面，港口所承载的陆上海上空间是发展邮轮游艇旅游、海上运输的重要场所。随着跨海大桥的建设、连岛公路的开通、运输方式的改善，港口在海洋海岛旅游中的作用越来越明显。

第四节　公共基础设施

一、机场

目前我省共有 9 个民航机场，滨海 5 市均有一家，分别是宁波栎社国际机场(1984 年通航)、温州龙湾国际机场(1990 年通航)、嘉兴机场(2015 年通航)、舟山普陀山机场(1997 年通航)和台州路桥机场(1998 年通航)。“十三五”期间，全省将以宁波栎社国际机场综合交通枢纽、温州龙湾国际机场改扩建、普陀山机场改扩建等项目为重点，推进交通枢纽“运游一体化”建设。

“十三五”期间，浙江省通用机场将全面发展。2016 年，国务院出台《关于促进通用航空业发展的指导意见》，对通用航空业进一步发展作出部署，提出到 2020 年我国将建成 500 个以上的通用机场。省发改委、省交通运输厅联合发布《浙江省通用机场发展规划》，到 2020 年，浙江 11 个设区市都将拥有一个以上运输机场或一类通用机场，全省新改建运输机场 9 个、一类通用机场 5 个、新建二类通用机场 16 个、三类通用机场 20 个以上，总投资约 80 亿元。最终，全省将形成 9 个运输机场、7 个一类通用机场、30 个二类通用机场，若干个三类通用机场的总体布局。嘉兴平湖，舟山岱山、定海、嵊泗，宁波宁海、象山，台州临海、温岭，温州苍南将明确布局一类或二类通用机场，滨海其他县(市、区)也可以根据实际情况布局三类通用机场，届时，全省的海洋海岛旅游交通将大大便利(见图 1-3)。

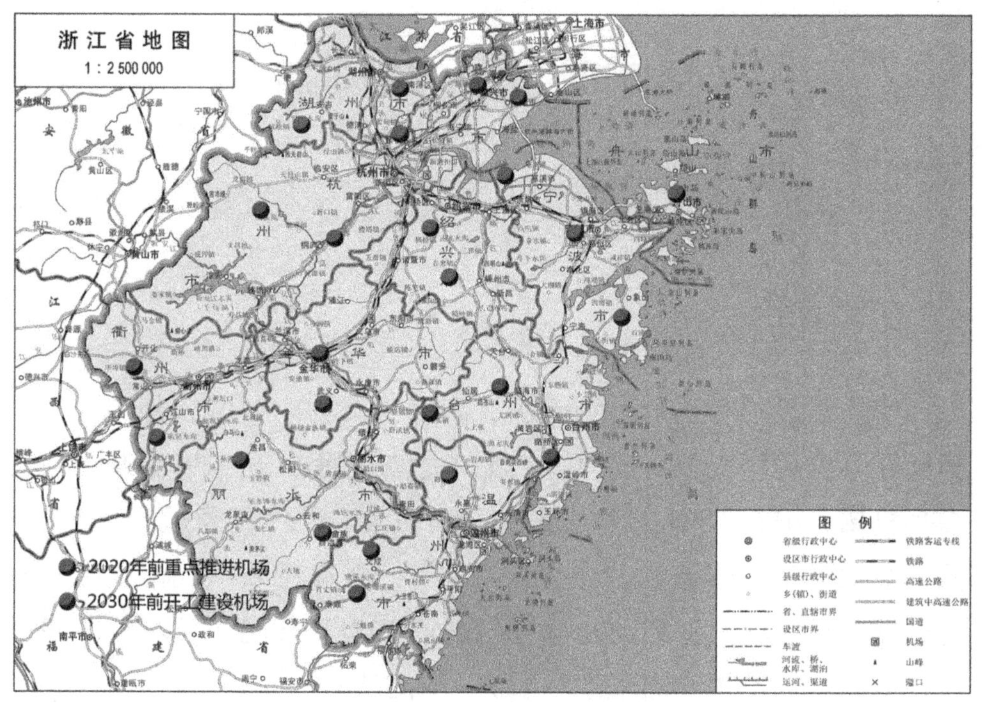

注：本图来源于浙江省测绘与地理信息局编制的天地图。

图 1-3　浙江省通用机场分布

二、码头

浙江港航资源得天独厚，丰富的深水港口、疏港的内河航道资源和地处长江经济带与东部沿海经济带的“T”型交汇点，是浙江最突出的资源优势和区位优势。全省拥有大陆及岛屿海岸线 6486 km(大陆海岸线长 2218 km)，居全国第 1 位，规划港口深水岸线 506 km，可建 10×10^4t 级以上泊位的岸线长度 105. 8 km、可建 30×10^4t 级及以上超大型泊位的深水长度约 20 km，锚地航道资源非常丰富，沿海航道、航线四通八达，习惯航道近 5000 km，等级最高的人工航道可候潮通行 30×10^4t 级船舶，拥有集装箱航线达 200 多条，其中远洋干线 120 多条，连接全球 100 多个国家和地区的 600 多个港口。全省现有宁波—舟山、温州、台州和嘉兴等 4 个沿海港口，截至 2016 年底，全省沿海拥有港口泊位 1094 个，其中万吨级以上泊位 209 个，初步形成以宁波—舟山港(含嘉兴港)为主，温州港、台州港为辅的"一主两辅"港口发展新格局。

宁波—舟山港北起杭州湾东部的花鸟山岛，南至石浦的牛头山岛，岸线总长 4750 km。其中，大陆岸线长 1547 km，岛屿岸线长 3203 km。自北向南分布有杭州湾、象山港和石浦港等港湾。宁波—舟山港规划港口岸线 449. 4 km，其中港口深水岸线长约 384. 9 km，占规划岸线的 85. 6%。宁波港域规划港口岸线总长约 170. 0 km，其中港口深水岸线 139. 1 km，占规划港口岸线资源的 81. 8%。舟山港域内规划港口岸线总长约 279. 4 km，其中港口深水岸线 245. 8 km，占规划岸线的 88%。宁波-舟山港的大陆港口岸线仅 136. 7 km，而受环境保护和自然条件制约的岸线有 108. 9 km，占总数的 79. 7%。可规模化开发的近陆岛屿岸线仅 98. 1 km，将形成"一港十九区"的港口总体布局，这些港区将有助于打造浙江省海洋海岛旅游"一岛三群四域六湾"的空间格局。

2016 年 12 月，交通运输部和浙江省政府联合批准《宁波—舟山港总体规划(2014—2030 年)》。根据该规划，宁波—舟山港划分为 19 个港区，其中，北仑、洋山、六横、衢山、穿山、金塘、大榭、岑港、梅山等九个港区为主要港区，以综合运输为主；嵊泗、岱山、镇海、白泉、马岙等五个港区为重要港区，以服务海洋产业为主，兼顾综合运输；定海、石浦、象山港、甬江、沈家门等五个港区为一般港区，主要服务地方经济发展。其中，嵊泗港区、岱山港区、定海港区、石浦港区、象山港港区、甬江港区、沈家门港区 7 大港区的旅游功能较强，主要在城市生活、旅游休闲服务及游客运输等。

三、跨海大桥

2017 年，宁波—舟山港六横公路大桥项目获得省发改委批复立项，全长 31. 12 km，起点为舟山六横岛端的孙干公路，经佛渡岛、宁波北仑的梅山岛，项目终点在宁波北仑的柴桥镇。大桥按高速公路标准建设，设计时速 100 km，通车后，从宁波市区到六横的通行时间将缩短至少 1 h(见表 1-3、图 1-4)。

表 1-3　浙江跨海大桥情况一览

名　　称	长度/km	通车时间	区域功能
朱家尖跨海大桥(观音大桥)	2. 9	1999. 5 (2011. 9)	舟山本岛浦西段相连接，东南至朱家尖岛的蜈蚣峙码头
杭州湾跨海大桥	36. 0	2008. 5	江浙沪两小时交通圈
舟山跨海大桥	48. 0	2009. 12	世界规模最大的岛陆联络工程
象山港大桥	6. 7	2012. 12	象山处于宁波半小时经济圈、杭州 2 h 经济圈中
嘉绍大桥	10. 1	2013. 7	标志着常台高速公路(江苏常熟—浙江台州)全段贯通
乐清湾跨海大桥	4. 8	预计 2017 年底通车	甬台温复线组成路段延伸

（续表）

名　　称	长度/km	通车时间	区域功能
三门湾跨海大桥	11.8	预计 2018 年底通车	连接象山港大桥和台州湾大桥及接线工程（在建）
宁波—舟山港六横公路大桥	31.1	2017 年 2 月立项	横跨六横和宁波北仑

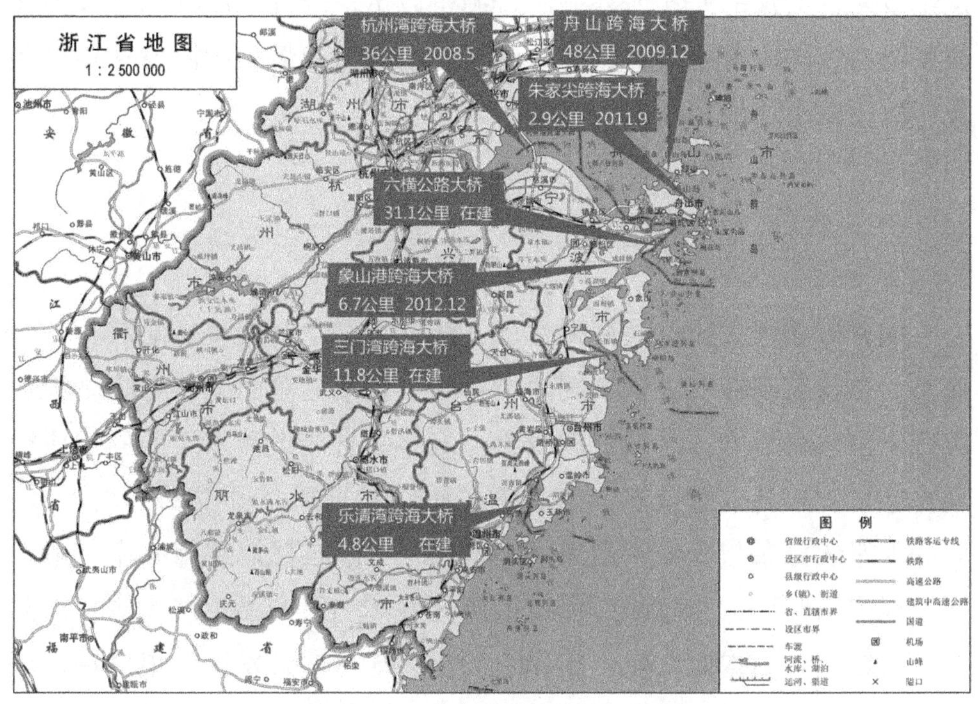

注：本图来源于浙江省测绘与地理信息局编制的天地图。

图 1-4　浙江省主要跨海大桥分布

第五节 存在的不足

浙江是海洋海岛旅游资源大省，自20世纪80年代以后尤其是21世纪以来，浙江的海洋海岛旅游资源得以迅速开发，浙江已经成为我国重要的海洋海岛旅游目的地。但与国内外海洋海岛旅游发达地区相比，仍存在不小的差距。

一、资源限制比较突出

随着海洋强省建设的深入推进，全省海洋空间资源短缺问题日益突出。主要表现在：①国家用海指标管控政策更趋紧缩，滩涂淤涨速度低于围填海强度，海域资源供给与海洋强省建设需求之间的矛盾突显；②尽管海岛数量众多，但单体品质优异且适宜开发的海岛不多；③深水岸线分布与开发利用条件不平衡，大陆自然岸线保有率已触及国家规定的红线；④海洋产业以资源开发和初级产品生产为主，产品附加值较低，结构低质化、布局趋同化；⑤海洋开发活动集中在近岸海域，可利用岸线、滩涂空间和浅海生物资源日趋减少，近海大部分经济鱼类已不能形成鱼汛；⑥台风和赤潮等海洋灾害的频发，一定程度上制约了海洋海岛旅游资源的开发；⑦部分海域海水水质条件有限，岸线多为泥质滩涂，组成物质多为黏土质粉砂，抗冲刷能力较弱；⑧宁波、舟山等地港口和海湾多用于发展临港工业和国际航运，发展海洋海岛旅游的环境相对复杂。

二、海洋污染局部严重

浙江省沿海人口、海洋渔业资源与海洋环境之间矛盾仍然存在，海洋海岛旅游赖以生存的生态环境恢复能力没有根本性改变。2017年6月发布的《2016年浙江环境状况公报》显示，在对浙江近岸海域所实施监测的 $5.7\times10^4km^2$ 海域中，51.1%的海域海水为四类和劣四类，11.2%的海域海水为三类，一、二类海水的海域只有37.7%，全省近海海域水体总体是中度富营养化状态。浙江滨海5市的近岸海域，温州近海海域水质最好，以一、二类为主，占66.2%，处于贫营养化状态；宁波、舟山、台州均以四类和劣四类水质为主，分别为58.8%、57.2%、50.7%，宁波和舟山近海海域水体处于中度富营养化状态，台州近海海域水体处于轻度富营养化状态；嘉兴近海海域水质全部为劣四类，处于严重富营养化状态。杭州湾、象山湾、乐清湾、三门湾等4个重要海湾全部为劣四类海水，其中象山港处于中度富营养化状态，三门湾和乐清湾均处于重度富营养化状态，杭州湾处于严重富营养化状态。受全球气候变化、不合理开发活动等影响，入海河流污染物排放总量大，近岸海域水质恶化趋势没有得到遏制，局部海域污染严重，近岸海域生态功能有所退化，生物多样性降低，海水富营养化问题突出，赤潮等海洋生态灾害频发，一些典型海洋生态系统受损严重，部分岛屿特殊生态环境难以维系，在很大程度上影响着我省海洋海岛旅游业的发展。

第二章

浙江省海洋海岛旅游发展政策环境

第一节 我国海洋海岛旅游政策和法规

一、政策背景

1. 政策推动历程

我国是一个海洋大国，海岸地貌类型齐全，海洋资源丰富，发展海洋旅游的条件十分优越。随着旅游市场需求的快速增长和海洋开发战略的实施，海洋海岛旅游的开发日益得到重视，《中国海洋 21 世纪议程》和《全国海洋经济发展规划纲要》均将“滨海旅游”列为重点发展的支柱性海洋产业。2012 年，党的十八大报告提出“提高海洋资源开发能力，发展海洋经济，保护海洋生态环境，坚决维护国家海洋权益，建设海洋强国”。2013 年 10 月，习近平总书记访问东盟国家时又提出了共同建设“21 世纪海上丝绸之路”的战略构想。国家旅游局将 2013 年定为“中国海洋旅游年”，并与国家海洋局签署了《关于推进海洋旅游发展的合作框架协议》，共同致力于把发展海洋海岛旅游作为建设海洋生态文明、实现兴海富民以及推动海洋经济持续、健康、快速发展的增长点。国家发改委、外交部、商务部于 2015 年 3 月联合发布了《推进共建丝绸之路经济带和 21 世纪海上丝绸之路的愿景与行动》，明确了“一带一路”的时代背景、共建原则、框架思路、合作重点、合作机制、中国各地开放姿态等内容。《国家“十三五”旅游业发展规划》则是提出了海上丝绸之路10条国家精品旅游带。

2. 海上丝绸之路

海洋海岛旅游在推进“一带一路”尤其是21世纪海上丝绸之路的愿景与行动中，其开发交流功能不断被强化，直接推动着我国沿海和港澳台地区开放态势和格局的形成。

海洋海岛旅游推进21世纪海上丝绸之路建设的着力点体现在：以旅游市场一体化促进海上丝绸之路多边多领域合作共赢；以邮轮旅游激活海上丝绸之路海上枢纽港口的运输大通道；以海洋海岛旅游品牌形象传递海上丝绸之路对外开放的新姿态；以游客互换互动强化海上丝绸之路民心相通的社会根基；以海洋海岛旅游便利化撬动海上丝绸之路的投资贸易合作畅通；以海上文化旅游融合发展促进海上丝绸之路不同文明交流互鉴；以海洋海岛旅游业态产品创新激发海上丝绸之路经济活动与魅力。在《愿景与行动》的促进下，我国沿海各地海洋海岛旅游发展呈现出新一轮热潮。按照“一带一路”愿景与行动的导向，天津、大连、青岛、上海、舟山、厦门、泉州、广州、湛江、北海、海口、三亚等城市先后明确了“一带一路”国家战略下的发展定位与方向。海南逐渐形成以“一带一路”为统领的开放型经济，2015年，海南对外贸易伙伴已遍布全球163个国家和地区，与61个“一带一路”沿线国家地区贸易额达419.9亿元，占海南省外贸总值的48.3%。

3.“十三五”旅游业发展规划

2017年1月，打造海上丝绸之路10条国家精品旅游带被列入《国家“十三五”旅游业发展规划》，相关内容还包括：提出“十三五”

期间要大力发展海洋及滨水旅游，加大海洋海岛旅游投资开发力度，建设一批海洋海岛旅游目的地。制定邮轮旅游发展规划，有序推进邮轮旅游基础设施建设，改善和提升港口、船舶及配套设施的技术水平，推动国际邮轮访问港建设；扩大国际邮轮入境外国旅游团 15 天免签政策适用区域，有序扩大试点港口城市范围，支持天津、上海、广州、深圳、厦门、青岛等地开展邮轮旅游；加快海南国际旅游岛、平潭国际旅游岛建设，推进横琴岛等旅游开发；培育跨区域特色旅游功能区，重点建设国家旅游风景道等。海峡西岸旅游区方面，涉及浙江、福建、江西、广东 4 省。提出要提升福州、厦门、宁德、泉州、温州、汕头等城市旅游业国际化发展水平，推进平潭综合实验区旅游开放开发，创新两岸旅游合作模式，共同建设世界旅游目的地；巩固旅游在两岸人员交往中的主渠道作用，增进两岸同胞情感；推进两岸乡村旅游、邮轮旅游、旅游文创等领域合作；支持平潭国际旅游岛、福州新区、江苏昆山等建设成为两岸旅游产业合作示范区；推进海峡西岸经济区与台湾、厦门与金门、福州与马祖区域旅游合作等。

二、政策体系

目前，涉及海洋海岛的法律规制体系主要由全国人大、国务院及海洋、旅游等部门出台颁布的法律、法规和规章为主。从内容上看，主要包括海洋环境质量、渔业资源保护、沿海海域开发、休闲旅游等方面。

1. 法律层面

我国涉及海洋海岛法律，如表 2-1 所示。

表 2-1　我国涉及海洋海岛法律一览

实施时间	法　　律	涉及领域
1982. 8. 23	《中华人民共和国海洋环境保护法》	海洋环境
1986. 1. 20	《中华人民共和国渔业法》	海洋渔业
1999. 12. 25	《中华人民共和国海洋环境保护法》修订	海洋环境
2001. 10. 27	《中华人民共和国海域使用管理法》	海域
2009. 12. 26	《中华人民共和国海岛保护法》	海岛
2013. 12. 27	《中华人民共和国海洋环境保护法》修订	海洋环境
2013. 10. 01	《中华人民共和国旅游法》	旅游

2. 法规层面

近年来国务院颁发的涉海法规，如表 2-2 所示。

表 2-2　近年来国务院颁发的涉海法规

颁布时间	法　　规
1985	《中华人民共和国海洋倾废管理条例》
2003	《全国海洋经济发展规划纲要》
2009	《国务院关于加快发展旅游业的意见》
2010	《国务院关于进一步加快旅游业发展的通知》
2012	《关于浙江省海洋功能区划(2011—2020 年)的批复》
	《全国海洋经济发展“十二五”规划》

（续表）

颁布时间	法　　规
2013	《关于促进海洋渔业持续健康发展的若干意见》
	《国民旅游休闲纲要(2013—2020年)》
2014	《国务院关于促进旅游业改革发展的若干意见》
2015	《中共中央国务院关于加快推进生态文明建设的意见》
	《国家海洋局海洋生态文明建设实施方案》(2015-2020年)
	《全国海洋主体功能区规划》
2016	《"十三五"旅游业发展规划》
2017	《关于促进交通运输与旅游融合发展的若干意见》

3. 规章层面

部门规章主要涉及国家海洋局、国家旅游局等部门，主要包括海洋海岛开发、保护、利用和经济合作方面的相关规定，如表2-3所示。

表2-3　近年来各部委颁发的涉海规章

制定部门	颁布时间	规　　章
国家海洋局 民政部、总参谋部	2003	《无居民海岛保护与利用管理规定》
国家海洋局	2010	《中国海监海岛保护与利用执法工作实施办法》
国家海洋局	2012	《全国海岛保护规划》(2011-2020)
国家旅游局	2013	《关于推进海岛旅游发展合作框架协议》

（续表）

制定部门	颁布时间	规　　章
国家发改委 外交部、商务部	2015	《推进共建丝绸之路经济带和21世纪海上丝绸之路的愿景与行动》
国家海洋局	2015	《关于建立县级以上常态化海岛监视监测体系的指导意见》
国家发改委 国家海洋局	2017	《全国海洋经济发展“十三五”规划》

不难发现，海洋海岛旅游处于多头分割式管理的状态，执法权分散在海洋、环境保护、交通、边防公安、农业、海关、旅游等各相关部门，在一定程度上存在责任区分困难、执法难度加大的现象。然而，随着“海洋强国”的战略目标纳入国家战略，上升到前所未有的高度，成为“中国梦”的重要组成部分，这种多头管理的状态必将得到基本解决。在建设海洋强国战略的背景下，海洋海岛旅游的发展一方面肩负着维护国家海洋权益的历史使命，另一方面在开发海洋、利用海洋、保护海洋、管控海洋方面的促进作用也更加明显，它正在成为推动海洋经济持续、健康、快速发展的增长点。

第二节 浙江省政策和法规制定的背景和原则

一、制定背景

浙江省委、省政府践行“两山”理论，提出“把浙江作为一个大景区”来谋划建设，优化顶层设计，成立了由省长兼组长的省旅游工作领导小组，包括省发改委、省建设厅、省交通运输厅、省工商局、省旅游局等部门。明确提出将旅游业打造成支撑浙江未来发展的八大万亿产业之一；明确提出按照各地主体功能定位实施分类考核评价，把环境保护纳入考核体系，弱化 GDP 在评价干部实绩中所产生的影响；重点培育发展海洋旅游、生态乡村旅游，着力打造四大都市区，构建全域旅游示范县、特色小镇、旅游风情小镇、“慢生活”休闲旅游示范基地、乡村精品民宿等多层级、全域化旅游目的地。

2014 年，国务院颁发《国务院关于促进旅游业改革发展的若干意见》(国发〔2014〕31 号)后，浙江省政府发布《浙江省人民政府关于加快培育旅游业成万亿产业的实施意见》(浙政发〔2014〕42 号)。2016 年 1 月，《浙江旅游条例》正式实施；4 月，为了进一步促进浙江旅游投资和消费，加快旅游产业转型升级，省政府颁发了《浙江省人民政府办公厅关于进一步促进旅游投资和消费的若干意见》(浙政办发〔2016〕40 号)，其中特别提出积极推进“邮轮游艇、休闲度假岛和海洋探险”等高端旅游产品开发，加快舟山国际邮轮母港、平湖九龙山邮轮泊港等沿海重要旅游设施建设，大力拓展境内外海洋海岛旅游线路，形成浙江沿海一日游、多日游和跨境海上旅游线路。

二、制定原则

海洋海岛旅游资源是不可再生的稀缺资源。政府部门特别是海洋行政主管部门要严格执行《海洋环境保护法》及《海域使用管理办法》等法律法规，结合海洋海岛旅游开发实际，保护、管理和开发海岛资源的地方法规和政策措施；其次要严把海洋海岛旅游开发申请和审批关，开发前要对海岛的生态环境进行一些调查研究，以避免破坏性开发。

1. 保护并传承海洋文化

以保护和传承海洋文化旅游产业为突破口，支持海洋民俗文化申请列入文化遗产、非物质文化遗产名录。加大海洋文化同各相关产业的互动融合，加快繁荣海洋文化事业。支持海洋文化的传承与发展，深入开展海洋文化资源的挖掘，形成系统的海洋文化资源保护库，将海洋文化资源分级分类加以保护。创新海洋民俗文化传承与发展方式，运用影视、娱乐等多种形式创新再造海洋民俗文化。全面开展海洋文化名市、名县、名镇创建工作，大力促进海洋文化事业建设。

2. 打造海洋海岛旅游优势品牌

打造浙江海洋文化旅游大品牌，把浙江海洋建设成为旅游者体验中国海洋文化的大本营。以滨海城市为依托，加快建设宁波—舟山、温州—台州、杭州湾三大滨海旅游区，构建完善的海洋文化旅游目的地体系。努力挖掘历史文化旅游产品，积极开拓现代文化旅游产品，传承再造民俗文化旅游产品，构建完善的海洋文化旅游产品体系。以建设舟山群岛新区和浙江自贸区为契机，加大对海洋文化旅游开发的政策扶持力度，深化海洋海岛旅游管理体制改革。

3. 优化海洋海岛旅游产业结构

当前，海洋海岛旅游处于转型发展的绝佳时期，面临中国(浙江)自由贸易试验区、浙江海洋经济发展示范区、舟山群岛新区等国家级战略机遇，未来的海洋海岛旅游应推进邮轮、游艇、帆船、人造海滩、休闲度假岛、禅修和海洋探险等高端旅游产品开发，大力发展海钓业、运动休闲、航空旅游等新型旅游产品，调整海洋海岛旅游产业结构向“商、养、学、闲、情、奇”发展，增加智慧旅游和线上旅游的份额，建设一批高品质的特色海洋海岛旅游区，培育一批特色休闲旅游岛和特色渔村，实现浙江省海洋海岛旅游产业结构的新跨越。

第三节　浙江省海洋海岛旅游的主要政策和法规

一、海洋海岛旅游发展政策

2011 年 2 月，国务院正式批复《浙江海洋经济发展示范区规划》，标志着浙江海洋经济上升为国家战略。海洋海岛旅游快速发展对强化以生态文明为基础的海洋资源保护与利用提出了新的要求，为加大海洋空间资源生态管控和修复保护力度、平衡开发与保护关系、高质量地推进海洋资源保护与利用、服务国家海洋战略、保障地区经济社会发展创造了条件。省级有关部门出台一批部门专项政策实施意见后，沿海各市也相应出台了加快发展海洋经济的配套政策意见(见表 2-4)。

表 2-4　近年来浙江省颁发的海洋海岛旅游发展相关政策文件

年度	政策文件
2011	《浙江海洋经济发展示范区规划》
	《浙江省重要海岛开发利用与保护规划》
	《关于加快发展海洋经济的若干意见》
	《浙江省科技兴海规划(2011—2015 年)》

（续表）

年度	政策文件
2011	《浙江省海洋科技“十二五”发展规划》
	《浙江省高校海洋学科专业建设与发展规划(2011—2015年)》
	《浙江省海洋科技人才中长期发展规划》
	《浙江省海洋环境保护“十二五”规划》
	《浙江省无居民海岛使用金征收使用管理办法》
	《浙江省重要海岛开发利用与保护规划》
	《浙江省海洋新兴产业发展规划》
2013	《浙江舟山群岛新区发展规划》
	《浙江省海洋经济发展专项资金管理暂行办法》
	《浙江海洋经济发展“822”行动计划(2013—2017)》
2016	《浙江省海洋港口发展“十三五”规划》
	《浙江省国民经济和社会发展第十三个五年规划纲要》
	《浙江省海洋资源保护与利用“十三五”规划》

二、海洋渔业支持政策

为促进我省及地方海洋环境保护和海洋渔业发展，浙江省各相关部门及滨海 5 市出台了一系列海洋渔业政策，如表 2-5、表 2-6 所示。

表 2-5　省级海洋渔业发展政策一览

年度	海洋渔业发展政策
2004	《浙江省海洋环境保护条例》
2009	《浙江省人民代表大会常务委员会关于修改浙江省海洋环境保护条例的决定》
2012	《浙江省海洋灾害防御十二五规划》
2012	《浙江省海洋防灾减灾项目与资金管理办法》
2015	《浙江省海洋与渔业行政处罚裁量基准(试行)》
2016	《浙江省渔业管理条例》
2017	《浙江省人民代表大会常务委员会关于加强海洋幼鱼资源保护促进浙江渔场修复振兴的决定》

表 2-6　滨海 5 市海洋渔业政策一览

地区	海洋渔业政策
嘉兴	《嘉兴市海洋经济发展规划》 《环杭州湾产业带嘉兴产业区发展规划》 《嘉兴市海洋功能区划》
宁波	《宁波市海洋生态环境治理修复若干规定》 《中华人民共和国海洋倾废管理条例实施办法》 《水域滩涂养殖发证登记办法》 《浙江省海洋环境保护条例》

（续表）

地区	海洋渔业政策
舟山	《舟山市海洋体育发展规划(2011—2020)》 《舟山海洋产业集聚区发展规划(2011—2020)》 《舟山渔场修复振兴暨“一打三整治”行动实施方案》 《舟山市渔业船舶海上移动通信业务标识码管理办法》 《舟山市人民政府关于进一步规范渔船管理促进渔业安全生产的若干意见》 《舟山市人民政府关于保护梭子蟹渔业资源的通告》 《舟山市渔港建设和渔港管理办法》
台州	《浙江省渔港渔业船舶管理条例》 《台州市海洋与渔业综合管理和产业发展专项资金与项目管理办法(试行)》 《台州市海洋旅游发展规划》
温州	《温州市示范性渔业专业合作社认定办法》 《温州市水域滩涂养殖权流转交易细则(试行)》 《浙江省海域使用管理办法》

三、邮轮支持政策

在邮轮产业快速发展的形势下，政府出台了一系列法规政策，为各地制定配套规划提供了总体依据，避免各地重复建设，浪费资源，盲目发展，恶性竞争等情况的出现(见表2-7)。

表 2-7　国家及地方邮轮产业支持政策一览

时间	发布单位	产业政策	政策实施要点
2006. 09	交通部 发改委	《全国沿海港口布局规划》	对我国邮轮业的基础设施建设进行了总体布局
2006. 06	发改委	《促进我国邮轮业发展的指导意见》	我国第一份邮轮产业国家指导性文件，提出吸引国际邮轮靠岸；逐步形成我国邮轮设计与建造能力，建设邮轮母港
2009. 12	国务院	《关于加快发展旅游业的意见》	支持有条件的地区发展邮轮、游艇等新兴旅游；同时也把邮轮、游艇等旅游装备制造业纳入国际鼓励类产业目录
2010. 07	国务院	《贯彻落实国务院关于加快发展旅游业意见重点工作分工方案的通知》	支持有条件的地区发展邮轮游艇旅游；把邮轮游艇等纳入国际鼓励类产业目录
2011. 06	发改委	《产业结构调整指导目录》	鼓励邮轮制造、运输和母港建设。
2011. 06	国家 旅游局	《国际邮轮口岸旅游服务规范》	亚洲第一个邮轮行业标准
2013. 02	国务院	《国民旅游休闲纲要〈2013—2020 年〉》	支持邮轮游艇码头等旅游休闲基础设施建设；积极发展邮轮游艇旅游等旅游休闲产品

（续表）

时间	发布单位	产业政策	政策实施要点
2013. 03	交通运输部	《关于促进我国邮轮运输业持续健康发展的指导意见》	积极培育邮轮市场、完善邮轮港口功能、加强邮轮运输行业监管、加快邮轮人才培养
2015. 04	交通部	《全国沿海邮轮港口布局规划方案》	我国邮轮港口发展将以始发港为主体，重点发展七大区域 8 个始发港
2015. 08	国务院	《关于进一步促进旅游投资和消费的若干意见》	发展旅游装备制造业，包括推进邮轮旅游产业发展，促进旅游市场高端需求的开发
2016. 04	浙江省人民政府	浙江省海洋港口发展“十三五”规划	以邮轮游艇为引领，积极打造高端海洋港口旅游产品，加快建设舟山邮轮始发港，积极发展温州、台州邮轮访问港，拓展境外游线，推进沿海重要旅游节点的邮轮泊港建设；有序发展游艇旅游产业，合理布局游艇服务基地，完善游艇基地休闲度假配套设施
2016. 10	浙江省人民政府	浙江省旅游业发展“十三五”规划	重点发展邮轮、游艇、人造海滩、特色度假岛等四大高端产品加快推进邮轮母港、泊港和邮轮旅游服务中心建设，加快推出连接我省与我国香港特区、台湾省乃至日本、韩国的邮轮(游船)航线

第四节　存在的不足

海洋海岛旅游业的发展涉及一系列相关行业和部门，世界著名海洋海岛旅游目的地都有着较科学的管理体制和监督系统，注重政府职能和角色，强化旅游部门的综合管理和监督能力。我国海洋归属权、使用权、管理权原本就多元化，而海洋海岛旅游资源的开发和管理中，又涉及海洋、渔业、工商、环保、边防、国防等多部门，难免导致政出多门、各自为政的现象。因此，需要探索多领域或一领域的海洋海岛旅游管理体制机制，按照海洋生态文明建设要求，加强海域、海岛、海岸线资源配置和海洋生态环境管理法规制度建设①。

一、旅游资源保护政策不足

我国以及浙江的海洋海岛旅游的相关政策主要涉及相关发展政策、海洋环境保护政策、海洋渔业政策以及邮轮支持政策等，政策内容相对宏观，对于具体资源的保护政策与措施明显不足。以台湾海洋海岛旅游为例，台湾就有专门针对沙滩的硬管理和软管理措施、基于海岛与海岸地带绿色建筑的设计标准、专门的能源管理措施（如鼓励

① 国家海洋局．国家海洋局海洋生态文明建设实施方案（2015~2020年）[R]．2015.

使用太阳能热水器和低耗能灯管系统、少用冷气空调系统等）、关于珊瑚礁保护的严格的潜水旅游管理制度以及基于邮轮/游艇的船坞和船舶管理制度等。

二、综合管理制度亟待整合

现行涉海法规单项部门立法居多，条块分割，陆海分离，尚未形成一个主旨清晰完整、配套制度齐全的法制构架，海上执法力量分散，综合执法合力尚未形成；陆海联动、河海兼顾的管理机制尚不健全，“多规合一”的综合管理规划体系尚未建立。这都对浙江省海洋海岛旅游的管理带来困难，如游客喜爱的休闲渔业就因为多头管理问题发展得不是很好。事实上，国外发达国家有不少经验可供借鉴。美国出台《海岸地区管理法》，明确国家海洋和大气局（NOAA）为主管机构，并要求沿海各州依法制定各州海岸管理计划；日本为了防范渔业与海洋游憩间的海面利用调整与纠纷，设置了由渔业、娱乐渔业、海洋游憩等相关团体代表及学识经验者组成的“海面利用中央协议会”并出台了相关政策，地方上也陆续成立了“海面利用地区协议会”。

三、相关旅游管理制度欠缺

海洋海岛旅游牵涉面广，除了常规的跟旅游业相关部门外，还涉及海洋渔业、海上运输、边防、国防等部门，还涉及海洋生态红线管控、海洋资源环境承载力预警、海洋生态资源补偿与损害评估等方面。目前，我国尚未出台明确地跟海洋海岛旅游相关的制度与政策，这对于海洋海岛旅游项目的开发、建设与运营以及海洋海岛旅游管理都存在一定程度的盲目性。相比而言，美国夏威夷州《海洋管理计划》、新西兰的《海岸政策说明书》等值得借鉴，这些政策在让大众使用、享用及欣赏、开发海洋资源，使社会和经济得到利益的同时，环境恶化最小化、减少各方冲突以及确保海洋资源的长期存活，以此出台相应的旅游管理综合政策。

第三章

浙江省海洋海岛旅游空间格局及竞争力

第一节　空间格局

浙江作为旅游强省，海洋海岛旅游已经成为海洋经济新蓝海、旅游经济新增长点。围绕海洋生态文明建设和浙江海洋强省发展战略，遵循海洋资源“强化管控，保障重点，优化利用，提高效率”理念，打破行政区藩篱，我省统筹规划了以“山、海”两大主题为核心，聚焦“一岛+三区+四域+六湾”，打造“改革试验区、旅游功能区、旅游发展集聚区”目的地体系相互支撑的海洋海岛旅游格局，以全面提高海洋海岛旅游发展。

目前，浙江省海洋海岛旅游的格局在长三角原有的海洋海岛旅游发展格局中占核心地位，新的海洋经济发展格局正不断地形成，且影响和重塑长三角区域经济发展格局。通过海洋经济生产总值凸显海洋经济空间发展格局，对舟山、宁波、温州等海洋经济中心城市的海洋经济实力，划分等级层次，为区域海洋经济空间结构布局与优化提供参考。

一、“一岛”：旅游综合改革试验区

舟山是国家级海洋旅游综合改革试验区，更是海上丝绸之路和长江经济带的战略支点。其定位之一是以海洋产业为龙头，充分挖掘和利用海岛优势，打造国际海岛休闲旅游目的地。

舟山正在深化“智慧景区”建设，推进全域旅游发展。普陀区作为舟山旅游的核心区域，2016 年，成功入选了全国第一批全域旅游示范区创建名单。普陀区围绕加快推进群岛新区建设和“全景普陀”建设两大中心，实现“全岛全景、景景相连”的景区多点联动，释放海洋海岛旅游集群魅力，并同步推进源头治污与节能减排，努力做好保持优良生态环境这篇大文章。

二、“三群”：海洋旅游功能区

三群是指三大海洋旅游功能区，即以宁波、台州、温州三个城市为中心，串联周边城市，构筑成三大旅游功能体验区。

1. 杭、甬、嘉功能区

通过宁波串联杭州、嘉兴，构成杭州湾海洋海岛旅游产业群。发展慈溪、海盐、海宁、北仑等旅游产业，使其成为该旅游块区的支撑，形成以休闲度假和会议商务为主要功能的旅游区。

2. 甬、舟功能区

宁波联动舟山，构成甬舟海洋海岛旅游产业群。发展慈溪、象山、石浦、宁海等城镇旅游产业，整合佛教文化、沙雕艺术、海岛风光等资源，形成融观光、休闲度假为一体的旅游功能区，打造国际级的海洋海岛旅游目的地；充分利用区域内的资源优势、经济文化优势，使其成为国际邮轮停靠点。

3. 温、台功能区

通过温台联动，构建浙东南区域发展极，带动浙江东南部的滨海城市，形成功能完善的沿海城市群，构筑功能互补、布局合理的海洋海岛旅游产业群。发展三门、椒江、瑞安、平阳等城市的旅游产业，形成以瓯越风情、海韵渔情、现代商情为特色的兼具观光、休闲度假和商务会展功能的滨海旅游功能区，并与福建沿海共同构成浙南—闽东滨海旅游带。

三、“四域”：舟山、宁波、台州、温州四大海域

坚持海域、城市、产业协调规划、协同发展，统筹融合海洋基本功能区、海洋主体功能区、土地利用功能区、城市发展功能区、生态功能区等建设功能布局，强化区域定位，优化利用秩序，调整开发强度，加强重要海岛开发和无居民海岛保护利用，支持清洁能源、港口物流、绿色石化、船舶制造、海洋海岛旅游等产业发展，助力打造舟山、宁波、台州、温州沿海城镇密集区、近海产业带和滨海生态区相融合的区域建设布局。

四、“六湾”：六大海洋旅游集聚区

自北向南，统筹杭州湾、象山港、三门湾、台州湾、乐清湾、瓯江口等海洋资源，构建若干海洋旅游集聚区。通过优化基础设施互联、沿湾产业提升、湾区新城建设要素供给，支持打造湾区经济增长极，支持港口码头、渔港、航道锚地、港口集疏运体系、港航物流、临港制造业等海洋港口重大旅游项目，加强全省海洋港口一体化建设要素保障力度。

第二节 发展模式

浙江省海洋海岛旅游基础扎实，产业发展势头良好。在“一带一路”战略大背景下，正确认识浙江省海洋海岛旅游面对的机遇与挑战、优势和短板。丰富旅游产品，形成具有一定影响力的海洋海岛旅游品牌产业链。借鉴世界海洋海岛旅游发达国家和地区的经验，进一步提升海洋海岛旅游的综合实力和竞争力。

一、按承载空间分类

从海洋海岛旅游发展的承载空间来，浙江省海洋海岛旅游可以分为海岛型、滨海型、半海岛型。表3-1显示滨海5市中大部分县(市、区)属于滨海型海洋海岛旅游模式。

表3-1　滨海5市按承载空间划分类型

类型	主要特点	海洋资源	地市	滨海县(市、区)
海岛型	靠近大陆海岸或靠近较大的岛屿，并对其有一定依附性的离岛。	海岛	舟山	岱山、定海、嵊泗、普陀
			温州	洞头

（续表）

类型	主要特点	海洋资源	地市	滨海县(市、区)
滨海型	旅游业为主导，带动多种产业并形成互动的产业集群，具有整体品牌形象和多种滨海旅游形式的大规模、综合性海岸带经济区域。	海岸线	宁波	镇海、北仑、余姚、慈溪
			嘉兴	海宁、海盐、平湖
			温州	乐清、平阳、苍南、龙湾、瑞安
			台州	三门、椒江、路桥、温岭、临海
半海岛类	半岛面积大，多海岛	海岸线+海岛	台州	玉环、象山

二、按旅游产品分类

海洋海岛旅游是个集合性概念，海洋海岛旅游产品复杂而综合，从不同角度出发可总结出不同的产品模式。以舟山为例，近年来海洋海岛旅游业态不断增多，特别是朱家尖、东极、册子、东岠、秀山、岱山本岛、泗礁等岛屿，有海岛温泉、海水浴疗、泥疗、海洋健身、沙滩露营、水上飞机、沙滩风筝、帆船、环岛自行车、赛车等，还有攀岩、蹦极、冲浪等极限运动，着力打造“邮轮、游艇、海钓、康体、禅修”五大基地。2014 年，浙江省第一家国际邮轮码头于舟山开港，标志着浙江省海洋海岛旅游国际化迈出了关键的一步。

从游客参与海洋海岛旅游的角度出发，海洋海岛旅游产品大致可分为表3-2中的几种类型。

表3-2　滨海5市按旅游产品划分类型

类　型	代表项目
特色风情休闲渔港	舟山沈家门渔港、象山石浦渔港
旅游海岛	嵊泗列岛、普陀山群岛
邮轮、游艇基地	舟山阿尔法游艇俱乐部、舟山群岛国际邮轮港
滨海旅游度假区	松兰山海滨旅游度假区、平湖九龙山旅游度假区
海洋旅游主题公园	台州海洋公园
海洋旅游产业园	普陀海洋文化创意产业园
特色主题度假岛	嵊泗—枸杞岛、洞头三盘岛

除此以外，各地市还有主题不同的海洋文化节庆活动。如嘉兴海宁、杭州萧山观潮节；舟山国际沙雕节、东海音乐节；宁波象山中国开渔节；温州洞头渔家乐民俗风情节等。

三、按旅游驱动因素分类

由于浙江沿海地区社会经济发展的背景不同，海洋海岛的格局、数量、规模等也存在差异，从而导致海洋海岛旅游的驱动因素很多，从而划分出不同的海洋海岛开发模式，如表3-3所示。

表 3-3　滨海 5 市按旅游驱动因素划分类型

开发模式	主要依托资源及开发特点	地市
滨海城市驱动型	依托滨海城市的主导作用，错位开发城市商务会议、文化交流、主题游乐等多主题产品	嘉兴
海岛资源驱动型	完全依托海岛自身的海水、沙滩、宁静、独立等环境，开发海岛度假地	舟山
海洋产业驱动型	依托海洋渔业、港口码头运输业、邮轮游艇产业、海洋生物医药产业等发展的海洋产业旅游区	舟山 宁波
运动娱乐驱动型	依托众多富有趣味的主题乐园、极具吸引力的水上活动，打造海洋休闲娱乐活动聚集地。	台州
海洋地产驱动型	通过在自然或人工的海洋活动空间打造高端富人社区，打造高端度假酒店聚集区	温州

第三节 竞争能力

1990年，美国的迈克尔·波特提出了“钻石模型”理论。该理论认为决定一个国家某个特定产业是否具有国际竞争力，主要取决于6个方面：生产要素、需求条件、相关及支撑产业、企业的战略、结构和同业竞争、机会和政府(见图3-1)。这些因素构成了钻石模型，它们相互影响，共同构筑动态的激励创新竞争环境。

“钻石模型”是国际上分析竞争力普遍采用的经典模型，对不同产业都有借鉴意义。本《报告》借用该理论，试对浙江省海洋海岛旅游业发展的竞争力影响因素进行剖析。

一、生产要素

影响海洋海岛旅游业发展的生产要素主要有旅游资源、人才资源、信息技术和基础设施等。

浙江省是中华文明的发源地之一，文化底蕴深厚，海洋资源等级高，为发展有特色、多层次的海洋海岛旅游产业奠定了深厚的资源基础；浙江地处东南，交通便利，百姓富裕，政策因素利好多，这为海洋海岛旅游产业奠定了扎实的基础。“十二五”期间，浙江交通基础设施建设突飞猛进，积极谋划实施万亿综合交通工程，高标准构建支撑都市经济、海洋经济、开放经济、美丽经济发展的四大交通走廊，

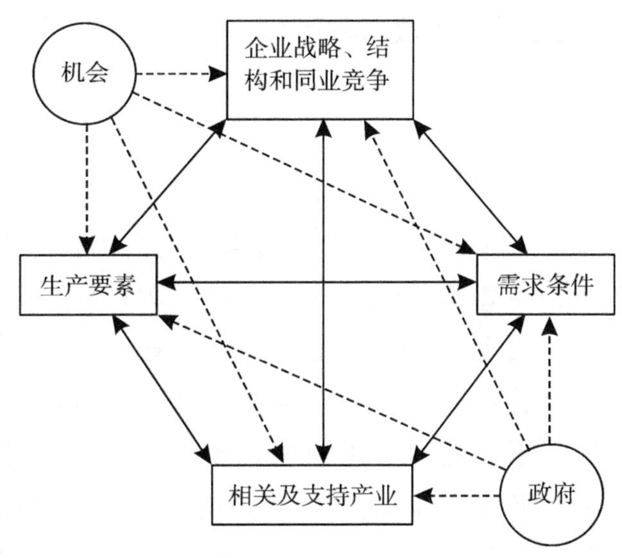

图 3-1　钻石模型

基本形成了水陆空多元立体、互联互通、安全便捷、绿色智能的现代综合交通体系，正在向省会到设区市高铁 1 小时交通圈、全省 1 小时空中交通圈的目标迈进。

旅游人才是旅游生产要素中的智力要素，对提高旅游业的整体竞争力起着重要支撑作用。浙江大学、宁波大学、浙江海洋大学、北京大学海洋研究院等一大批名校大院，都设有海洋类学科人才培养和研究机构；浙江海运职业技术学院、浙江交通职业技术学院、浙江舟山群岛新区旅游与健康职业学院也都设有培养海洋类技能技术人才的专业。它们为海洋海岛旅游开发提供了强大的人才支撑。

科学技术的进步逐步主导并改变着旅游业的发展轨迹，尤其是互联网技术。浙江一直高度重视旅游信息化和智慧旅游，从电子政务到行业监管，从电子商务到微信营销，从景区管理到游客体验，都展开了积极的探索和有益的尝试。尤其是浙江省旅游产业信息服务平台的开通，对浙江旅游市场实现了实时、动态和精细的监控，推进了精准营销，浙江旅游已迈向“大数据时代”。

二、需求条件

波特认为国内需求是影响一个产业竞争力的重要因素。旅游市场份额占有的多少，将直接影响到旅游地竞争力的大小。2016 年，浙江省接待旅游总人次达 5.8 亿人次，同比增长 9.2%，接待入境人数 1120.3 万人次，同比增长 10.7%，旅游业总产出达到 8300 亿。浙江的旅游综合发展水平已位居全国第三。2017 年中共浙江省第十四次党代会明确提出要把浙江打造成为“诗画浙江”中国最佳旅游目的地，可以预见“十三五”时期，作为海上“大花园”的浙江滨海区域，海洋海岛旅游将迎来更加快速的发展。

三、相关及支持产业

海洋海岛旅游业是联动性较大的产业，发展海洋海岛旅游自然会带动海洋相关产业或部门的综合发展，创造新的机遇。浙江面朝潜力无限的太平洋，背靠国内经济最活跃的长三角，处于长江和东海的“T”字交界处，同时拥有深水良港和富饶的渔业资源，发展海洋海岛旅游可谓“天时地利人和”。渔业资源丰富，海洋运输、船舶(修)造业、海洋渔业、海产品制造业等企业众多，它们都可以成为旅游业的融合因素，成为旅游业的一部分。

四、品牌建设

2015 年 5 月 25 日，习近平总书记在舟山视察调研时指出，舟山港口优势、区位优势、资源优势独特，其开发开放不仅具有区域性的战略意义，而且具有国家战略意义。不仅舟山，整个浙江的海洋开发都事关我国的“海洋大国梦”。

1. 国家级海洋强省

浙江作为海洋大省，海洋经济提档升级方面始终紧跟国家战略、放眼并布局全球市场。《浙江省国民经济和社会发展第十三个五年规划纲要》明确提出要“主动融入‘一带一路’建设”，从港口开发到打造海洋新兴产业，浙江海洋经济发展日盛。统筹并全力推进浙江海洋经济发展示范区、舟山群岛新区、舟山江海联运服务中心、中国(浙江)自贸试验区、义甬舟开放大通道建设等五大国家级、省级战略，重点发展以海岛、海港旅游为重点的海洋海岛旅游现代服务业，包括邮轮、游艇、高端船舶等在内的海洋战略性新兴产业，一个现代海洋产业体系、国家级海洋强省的格局正逐步在浙江形成。

2. 全国海洋经济发展示范区

浙江区位优势明显，位于长江流域经济带和我国沿海经济带T形交汇区域的南端、长江三角洲的中心地带，是我国最早的对外通商口岸之一，是长三角经济圈海域扇面的核心主体组成部分。2011年2月，国务院批复《浙江海洋经济发展示范区规划》，规划将浙江海洋经济发展示范区建设上升为国家战略。浙江海洋经济发展示范区的建设关系到我国实施海洋发展战略和完善区域发展总体战略的全局。

3. 中国(浙江)自由贸易试验区

2017年3月，中国(浙江)自由贸易试验区的设立，给浙江未来的改革开放带来重大机遇，尤其在制度创新、实践创新方面带来先行先试的机会。中国(浙江)自由贸易试验区的战略定位很明确：以制度创新为核心，以可复制可推广为基本要求，将自贸试验区建设成为东部地区重要海上开放门户示范区、国际大宗商品贸易自由化先导区和具有国际影响力的资源配置基地。学习借鉴前面两批自贸试验区的经验，结合浙江的特点和优势，以浙江人的创新精神，中国(浙江)自由贸易试验区一定会结出丰硕的果实。

4. 长三角海洋海岛旅游目的地

长三角沪、苏、浙、皖三省一市区域旅游合作已经开展了多年，一年一次的联席会为区域旅游合作提供了动力源。长三角地区经济发达，旅游消费能力很强。相比沪、苏、皖三地，浙江省海洋海岛旅游的发展具有巨大的优势。浙江省海岸线长、海岛多，适合开展海洋海岛旅游的资源很多，宁波、温州、嘉兴、舟山、台州等沿海城市经济发达，海域面积广阔，港口资源丰富，环境承载力和旅游接待能力大，发展海洋海岛旅游的条件得天独厚，是长三角地区游客理想的海洋海岛旅游目的地。

生产要素、需求条件、相关及支撑产业、品牌建设相互作用，相互影响，共同构筑成浙江省海洋海岛旅游“钻石模型”。通过积极对接国家“一带一路”战略和长江经济带战略，浙江省海洋海岛旅游发展迎来了前所未有的大好机遇。

第四节　存在的不足

“十三五”是浙江全域旅游发展同样也是海洋海岛旅游发展的关键时期。随着用海规模扩大和用海强度提高，在满足工业化、城镇化快速发展对海洋空间需求的同时，保障海洋海岛旅游的资源和空间将面临诸多问题和严峻挑战。

一、旅游空间不足，开发方式粗放

随着海洋强省战略的深入推进，浙江省海洋海岛旅游空间短缺问题开始显现，主要表现在：①国家用海指标管控政策更趋紧缩，近岸海域围填海规模较大，滩涂淤涨速度低于围填海强度，海域资源供给与海洋强省建设需求之间的矛盾突显；②海岛数量众多，但单体品质优异且适宜开发的海岛不多，这从浙江 31 个可开发利用无人岛的开发现状可以推知；③深水岸线分布与开发利用条件不平衡的矛盾十分突出，大陆自然岸线保有率已触及国家规定的红线，也进一步压缩了海洋海岛旅游开发的空间；④海洋生物资源面临衰退趋势，近海大部分经济鱼类已不能形成鱼汛，这在一定程度上影响浙江海鲜美食品牌的打造；⑤海洋海岛旅游活动集中在近岸海域，可利用岸线、滩涂空间和浅海生物资源日趋减少，近岸过度开发问题突出，深远海旅游资源开发不足。

二、旅游产品单一，品牌建设不足

浙江省海洋海岛旅游产品大多属于观光类型，以门票经济为支撑，依赖于客流量，休闲度假等深度产品的开发还处于初级阶段。随着浙江省旅游产业融合的快速发展，生产、生活、生态用海需求日趋多样化，养老、中医药养生、航空、运动休闲、房车营地等业态的初显，对原有单一旅游产品为主的传统海洋海岛旅游产品供给方式提出新的挑战。同时，浙江省海洋海岛旅游产品低水平趋同化，地域特色不明显，缺少浙江独有的海洋海岛旅游住宿、餐饮、新业态品牌。因此，浙江未来的海洋海岛旅游应以特有的“海、岛、港、渔”产品为主题，深入挖掘当地的历史底蕴与文化内涵，寻求自身的市场定位与文化定位，开展旅游精品建设，开发出具有海洋海岛特色的旅游产品。

三、旅游约束较多，竞争压力加大

尽管浙江省海洋海岛旅游在要素、条件、产业和品牌上拥有一定的竞争优势，但与邻近的江苏、福建以及海南相比，仍在资源、人才、政策等方面存在一定的差距：①江苏拥有丰富的海洋资源，海洋经济结构发展势头良好，经济实力在沿海 11 省中排名第二。同时，江苏历史文化悠久，重视科技教育，这为海洋海岛旅游储备了大量高素质人才。②福建也是海洋资源大省，“海上丝绸之路”的起点，其区位条件、气候条件十分优越，已与日、韩、东南亚诸国共同发起成立了“21 世纪海上丝绸之路城市联盟”，加上台湾海峡的前沿区位和平潭国际旅游岛的优惠政策，都给福建的海洋海岛旅游发展注入了新的动力。③海南更是我国海洋海岛旅游资源大省，海域开阔，海水洁净，正在打造国际著名海洋海岛旅游品牌，同时向全国最大的海洋旅游中心、世界上最大的海洋运动基地以及世界一流的海洋度假休闲旅游胜地的趋势发展。离岛免税政策是中央赋予海南国际旅游岛建设的一大亮点。人才、政策乃至资源上的差距，在一定程度上会制约浙江省海洋海岛旅游的发展。

第四章

浙江省滨海 5 市旅游经济发展比较

第一节　旅游业主要指标

一、滨海县域指标

2016年，浙江滨海5市27个滨海县(市、区)旅游总收入为2870亿元，占全省旅游总收入的35.7%；旅游总人次为2.79亿人次，占全省旅游总人数的47.9%。其中，国内旅游总收入2814亿元，国内旅游总人数2.77亿人次，入境旅游人次213.9万。

2016年，宁波市7个滨海县(市、区)旅游总收入840亿元，占27个滨海县(市、区)总量的29.3%，旅游总人次9574万人次；舟山市5个滨海县(市、区)的旅游总收入597亿元，占27个滨海县(市、区)总量的20.8%，旅游总人数4693.1万人次；台州市56个滨海县(市、区)的旅游总收入564亿元，占27个滨海县(市、区)总量的19.7%，旅游总人数5349.9万人次；温州市6个滨海县(市、区)的旅游总收入526亿元，占27个滨海县(市、区)总量的18.3%，旅游总人数5022.5万人次；嘉兴市3个滨海县(市、区)的旅游总收入343亿元，占27个滨海县(市、区)总量的12.0%，旅游总人数3272.7万人次(见表4-1)。

表 4-1　2016 年浙江 27 个滨海县(市、区)旅游业主要指标

市	县（市、区）	入境旅游人数/人次	外汇收入/万美元	国内旅游人数/万人次	国内旅游收入/亿元	旅游总收入/亿元	旅游总人数/万人次
宁波	慈溪市	81319	3612	1193	103	105	1201
	镇海区	55246	2590	820	56	57	826
	北仑区	242491	15035	865	44	54	889
	鄞州区	208900	5856	1656	191	195	1677
	奉化区	317788	16075	1762	126	137	1794
	象山县	144474	3802	1962	171	174	1976
	宁海县	77636	3021	1204	116	118	1211
温州	乐清市	174494	4442	1380	190	193	1398
	洞头区	11769	387	540	49	49	541
	龙湾区	34125	1540	320	31	32	323
	平阳县	41459	1098	1031	82	82	1035
	苍南县	64026	2465	811	68	70	817
	瑞安市	132238	3685	896	98	100	909
嘉兴	海盐县	32118	1480	710	63	64	713
	海宁市	138014	3961	1785	198	200	1799
	平湖市	14721	2398	759	78	79	761

（续表）

市	县（市、区）	入境旅游人数/人次	外汇收入/万美元	国内旅游人数/万人次	国内旅游收入/亿元	旅游总收入/亿元	旅游总人数/万人次
台州	椒江区	783	27	472	50	50	472
	路桥区	5048	148	499	53	53	500
	临海市	8043	208	1691	178	178	1692
	温岭市	4011	108	1520	160	160	1520
	玉环县	9566	325	807	85	85	808
	三门县	1608	54	358	38	38	358
舟山	定海区	103642	5654	955	134	138	965
	普陀区	131237	6992	2010	261	266	2023
	岱山县	35512	1827	455	64	65	458
	嵊泗县	7185	334	496	70	70	497

二、滨海市域指标

1. 旅游总收入和旅游总人数

2016年，滨海5市接待游客总人数增幅保持在16%以上，超过全省接待游客总人数9.2%的增幅。其中，宁波接待游客总人数

9371.9 万人次，同比增长 16%；温州接待游客总人数 8944.9 万人次，同比增长 16.4%；台州接待游客总人数 8930.7 万人次，同比增长 20.1%；嘉兴接待游客总人数 7893.8 万人次，同比增长 23.7%；舟山接待游客总人数 4568.1 万人次，同比增长 17.8%(见图 4-1、图 4-2)。

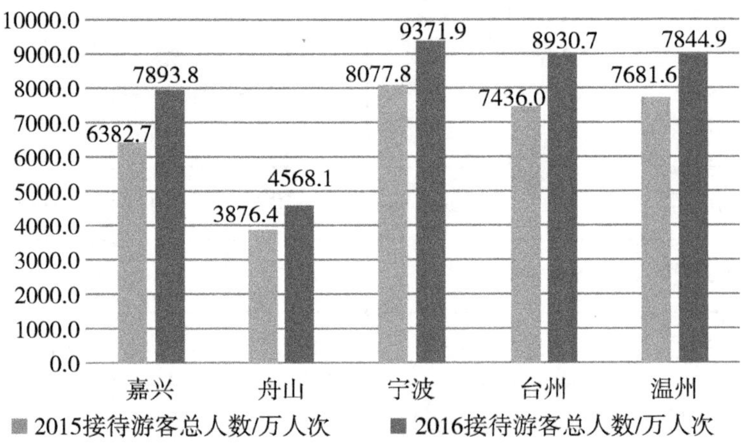

图 4-1 2015—2016 年浙江滨海 5 市接待游客总人数比较

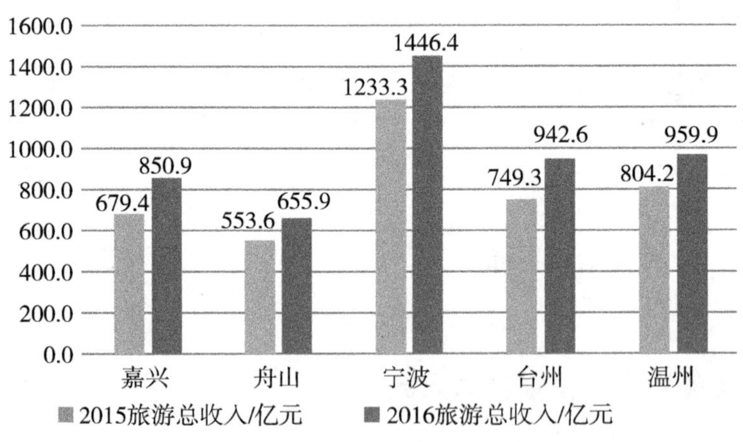

图 4-2 2015—2016 年浙江滨海 5 市旅游总收入比较

2016 年，滨海 5 市旅游总收入的增幅均保持在 18%以上，超过全省旅游总收入 13. 4%的增幅。如图 4-2 所示，宁波市旅游总收入 1446. 4 亿元，同比增长 17. 3%；温州市旅游总收入 959. 9 亿元，同比增长 19. 4%；台州市旅游总收入 942. 6 亿元，同比增长 25. 8%；嘉兴市旅游总收入 850. 9 亿元，同比增长 25. 2%；舟山市旅游总收入 655. 9 亿元，同比增长 18. 5%(见图 4-3)。

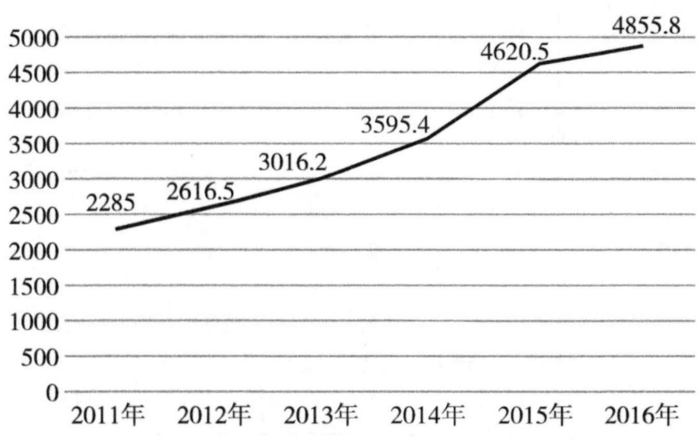

图 4-3　2011—2016 年滨海 5 市旅游总收入变化[①](单位：亿元)

2. 入境游客人数和国际旅游(外汇)收入

从总量上看，2016 年宁波、温州接待的入境游客均超过 100 万人次，分别达到 173. 5 万和 121. 0 万，相应地，两市国际旅游(外汇)收入分别突破 9 亿美元和 6 亿美元。从入境接待游客人数和国际旅游(外汇)收入的增幅看，温州和台州接待入境游客人数超过全省 10. 7%的增幅，宁波、台州和温州的国际旅游(外汇)收入增长超过全省 9. 5%的增幅(见表 4-2)。

① 说明：全省旅游总收入数据不等于各市旅游收入的简单累加。

表 4-2　2016 年浙江滨海 5 市接待入境游客人数、国际旅游(外汇)收入

地区	接待入境游客人数		其中：住宿设施接待入境过夜游客人数		国际旅游(外汇)收入	
	绝对量/万人次	增长/%	绝对量/万人次	增长/%	绝对量/万美元	增长/%
全　省	1120. 3	10. 7	525. 6	5. 4	743062. 5	9. 5
嘉兴市	70. 7	−2. 6	49. 3	−6. 1	21657. 2	−14. 6
舟山市	33. 9	5. 2	15. 4	18. 8	17341. 1	-7. 6
宁波市	173. 5	10. 1	82. 9	14. 6	91745. 1	14. 6
温州市	121. 0	14. 4	53. 1	10. 2	60378. 0	9. 9
台州市	19. 2	14. 1	50. 1	−4. 8	6478. 1	10. 3

3. 人均停留时间及人均花费

2016 年浙江省旅游抽样调查结果显示(见表 4-3)，浙江国内游客人均停留时间为 2. 1 天，国内游客人均花费 1326 元/人次。滨海 5 市中，宁波、温州旅游吸引力较高，平均停留时间分别为 2. 0 和 2. 1 天/人次，台州、嘉兴居其次，舟山人均停留时间仅为 1. 2 天/人次，但舟山人均花费仅次于杭州、宁波，位居全省第三。

4. 旅游业增加值及贡献度

根据《浙江省人民政府关于加快培育旅游业成为万亿产业的实施

意见》(浙政发〔2014〕42号)明确提出要加快把旅游业培育成为浙江战略性支柱产业和万亿大产业，到2017年，全省旅游业增加值占地区生产总值的比重提高到6.7%，占服务业增加值的比重提高到14%；旅游业税收收入相当于地方财政收入的7%；旅游直接就业人数占全社会就业人数的比重超过8%。

表4-3　滨海5市游客人均停留时间、人均花费

地区	人均停留时间		人均花费	
	国内过夜游客/(天/人次)	入境游过夜游客/(天/人次)	国内游客/(元/人次)	入境游客/(美元/人次)
嘉兴	1.5	1.3	1069	306
舟山	1.2	2.2	1421	511
宁波	2.0	2.5	1506	529
台州	1.8	1.4	1053	337
温州	2.1	2.3	1042	499

2016年，全省旅游产业增加值3305亿元，按现价计算比上年增长12.8%，增速比上年增加1.6个百分点，旅游业增加值占GDP比重达7.1%，比重比2015年增加0.3个百分点，增加值占服务业比重为13.8%，比上年增加0.1个百分点。“厕所革命”、乡村旅游、旅游风情小镇、万个A级景区村庄打造等一系列全省性的活动，使得浙江旅游环境和实力与日俱增(见表4-4)。

表 4-4　2015 年各市旅游业增加值及占 GDP 比重

地区	旅游产业增加值/亿元	增加值占 GDP 比重/%	增加值占服务业比重/%
全　省	2930. 0	6. 8	13. 7
杭州市	719. 9	7. 2	12. 3
宁波市	500. 2	6. 3	13. 8
温州市	340. 2	7. 4	13. 8
湖州市	154. 8	7. 4	16. 5
嘉兴市	236. 9	6. 7	15. 5
绍兴市	290. 1	6. 5	14. 4
金华市	242. 3	7. 1	14. 2
衢州市	80. 3	7. 0	15. 2
舟山市	85. 2	7. 8	16. 0
台州市	234. 1	6. 6	13. 3
丽水市	84. 2	7. 6	16. 6

资料来源：浙江省旅游局规划处 2016 年度统计便览，全省旅游业增加值数据不等于各市简单累加。

从旅游业增加值来看，2015 年宁波的旅游业增加值达 500. 2 亿元，居全省第二，已成为宁波国民经济的支柱产业。2016 年 4 月，斥资 128 亿元的宁波方特东方神画乐园成为全省一大热门景区，2016 年 9 月，宁波上榜“中国旅游休闲示范城市”。

2015 年温州旅游业增加值紧随其后，达到 340. 2 亿元，居全省第三。温州自获批开展国家海域综合管理创新试点以来，在科学利用海洋资源、海洋生态环境再造、优化用海机制体制上发力，促进了温州经济转型发展。过去五年，温州海洋经济总值年均增幅达到14.4%，高于全市生产总值增幅6.6个百分点。2016年，海洋生产总值在全省滨海5市中位居第二，海洋生产总值占全市地区生产总值比重从2010年的13.8%上升为17.1%，海洋经济对全市经济发展的拉动能力不断增大。

2015年嘉兴、台州的增加值分别为236.9亿元和234.1亿元，舟山的增加值总量相对较少。台州市深入实施“海洋经济发展示范区”战略，积极整合资源，探索“海洋+”模式，着力打造海洋经济发展，打造地区经济增长“新引擎”。台州海洋经济增加值从2011年的337.8亿元提高到2015年的480.67亿元，增长42.3%，海洋经济对地区经济增长贡献率不断提升。

从增加值占GDP的比重来看，舟山旅游业增加值占GDP比重为7.8%，旅游业增加值占服务业比重16%，两项指标均居全省第一，海洋海岛旅游呈现快速上涨的发展势头(见图4-4)。

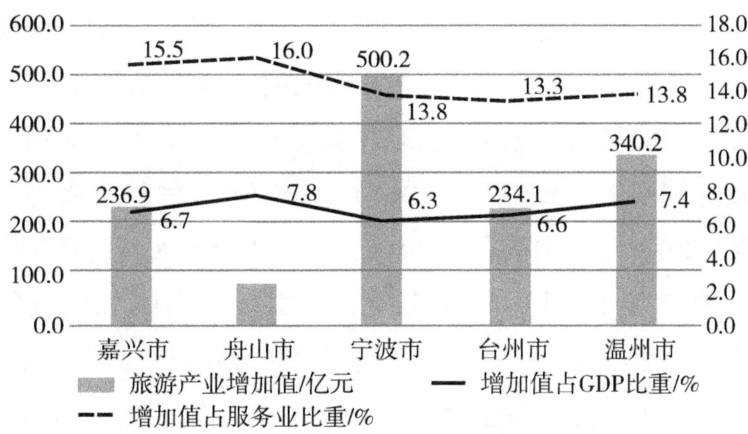

图4-4　2015年滨海5市旅游业增加值主要指标

第二节 行业发展

一、星级饭店

截至2016年底，浙江省有714家星级饭店。其中，五星级饭店79家，四星级178家，三星级309家。全年平均客房出租率为55.45%，较上年提高0.61个百分点；平均房价350.69元/间，较上年下降3.3元。

滨海5市中，宁波的星级饭店数量总量最大，其中五星级饭店22家，四星级25家，三星级46家。温州、嘉兴两地的饭店总量不相上下，舟山、台州的饭店数量相对较少。住宿业态中的非星级、非标准住宿比重越来越大，管理也越来越规范，国家旅游局今日出台了《旅游经营者处理投诉规范》(LB/T 063-2017)、《文化主题旅游饭店基本要求与评价》(LB/T 064-2017)、《旅游民宿基本要求与评价》(LB/T 065-2017)、《精品旅游饭店》(LB/T 065-2017)等4项行业标准，将于2017年10月1日起实施。舟山根据岛屿和地域的不同特色，衍生出了种类齐全、有一定竞争力的民宿客栈、精品酒店、房车营地、帐篷营地等新业态住宿。这些住宿单位除了渔家体验型、海岛休闲度假型之外，在朱家尖和东极还有一些自助体验型、青年旅舍型民宿，它们多以“渔村”形式抱团发展。《舟山市旅游业发展“十三五”

规划》中提到，未来舟山旅游还会出现一批禅意、禅修体验的民宿，将以“东海人家”为统一品牌，到2020年，建成400家精品海岛民宿（见表4-5、图4-5）。

表4-5　2016年浙江省星级饭店分布一览　（单位：家）

地区	五星级	四星级	三星级	二星级	一星级	合计
杭州	24	46	59	42	2	173
宁波	22	25	46	29	1	123
温州	6	18	27	5	0	56
湖州	2	11	24	4	1	42
嘉兴	7	11	36	0	0	54
绍兴	12	14	21	7	0	54
金华	2	20	18	12	0	52
衢州	0	11	14	7	0	32
舟山	1	3	15	13	0	32
台州	1	14	25	4	0	45
丽水	1	5	24	18	3	51
全省合计	79	178	309	141	7	714

民宿的发展不仅在舟山，在全省各地普遍存在。据统计，全省民宿约1.12万家，床位数17.7万个，其中，湖州、衢州、丽水、嘉兴、杭州均在1000家以上。据不完全统计，目前全省高端民宿(房价

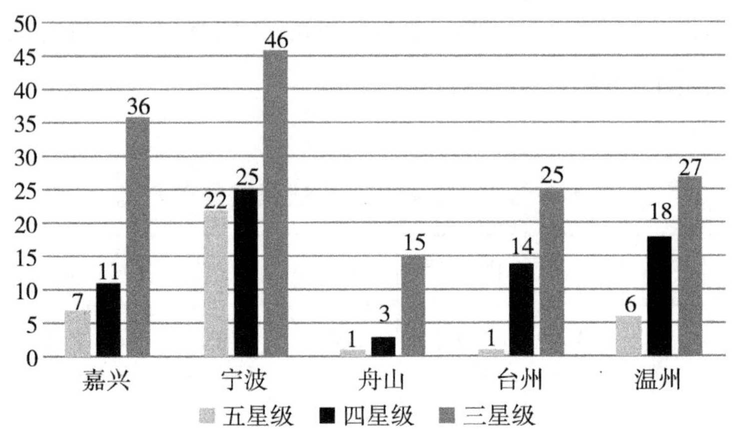

图 4-5　滨海 5 市高等级星级酒店情况

资料来源：根据浙江省旅游局行业管理处资料(2017. 1)整理。

600 元/天及以上)444 家、中端民宿(房价 300～600 元/天及以上)1746 家、低端民宿(房价 300 元/天及以下)约 9000 家。

二、旅行社

截至 2016 年底，全省共有旅行社 2348 家，其中出境组团社 214 家，数量与上年持平，其中嘉兴 24 家、宁波 23 家、温州 14 家、台州 8 家、舟山 6 家；一般旅行社 2134 家。全省旅行社全年共组织接待游客 3299. 5 万人次，较上年增长 8. 3%，组团接待规模实现平稳增长。

全省旅行社全年实现营业收入 288. 9 亿元，较上年增长 9. 5%。其中，国内旅游营业收入 134. 6 亿元，较上年下降 3%，占总营收的 46. 6%；出境旅游营业收入 82. 6 亿元，较上年下降 2. 6%，占总营收的 28. 6%；入境旅游营业收入 8. 2 亿元，与上年持平，占总营收的

2.8%；非组团接待业务的营业收入 63.5 亿元，较上年增长 97.8%，占总营收的 22%(见表 4-6)。

表 4-6 滨海 5 市旅行社数量一览

城市		宁波	温州	嘉兴	舟山	台州
总数		324	239	151	153	149
等级	五星级	7	2	1	0	3
	四星级	31	20	18	11	25
	三星级	48	5	23	7	24
	二星级	0	1	0	4	4
	其他	238	211	109	131	93

三、旅游景区

1. 全国情况

截至 2017 年 2 月，我国的景区数量已经达到了 26000 多家，其中 A 级景区达到 7000 多家，包括国家 4A 旅游景区 2800 多家，国家 5A 级旅游景区 236 家。沿海 11 个省级行政区拥有 99 个 5A 级景区，占全国 5A 级旅游景区总数的 40%。99 个国家 5A 级旅游景区中，大部分为非滨海景区，达到 82 个，滨海景区只有 17 个，占沿海国家 5A 级旅游景区的比重不足 20%(见表 4-7 和图 4-6)，这说明沿海地区高等级旅游景区的提升与创建还有较大空间。

表 4-7　沿海地区国家 5A 级旅游景区分布

沿海地区	滨海景区	非滨海景区	小计
辽宁	2	3	5
河北	0	8	8
天津	0	2	2
山东	4	7	11
江苏	1	21	22
上海	0	3	3
浙江	1	15	16
福建	2	7	9
广东	2	10	12
海南	5	1	6
广西	0	5	5
合计	17	82	99

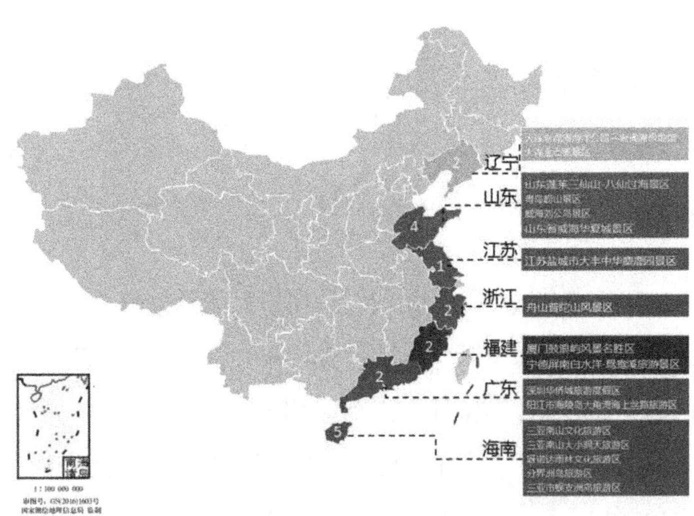

注：本图来源于浙江省测绘与地理信息局编制的天地图。

图 4-6　我国滨海 5A 级旅游景区名称及数量

2. 浙江情况

截至2017年2月，全省共有5A级风景区16家，滨海5市共8家。其中宁波1家，温州1家，嘉兴3家，舟山1家，台州2家。全省5A级景区全年接待游客1亿人次，占全省景区游客接待总量的9.7%，实现营业收入128.6亿元，占全省景区总营收的38.6%，其中门票收入38.4亿元；从收入结构来看，门票收入占比大幅下降，2016年门票收入占营业收入比重为29.86%，非门票收入成为最主要营收来源。浙江省真正的滨海5A景区仅普陀山风景名胜区一家，2016年，舟山普陀山风景区共接待游客774.7万人次，同比上年增长16.7%，门票收入12.2亿元，同比增长58.9%。浙江滨海的高等级旅游景区数量不多，具有很大的提升空间(见表4-8、图4-7)。

表4-8　滨海5市国家5A级旅游景区一览

序号	所在城市	景区名称	评定时间
1	宁波	奉化溪口—滕头旅游景区	2010.04.15
2	温州	雁荡山风景名胜区	2007.05.08
3	嘉兴	乌镇景区	2010.04.08
4		南湖旅游区	2011.08.11
5		西塘古镇景区	2017.02.25
6	舟山	普陀山风景名胜区	2007.05.08
7	台州	天台山景区	2015.10.08
8		神仙居景区	2015.10.08

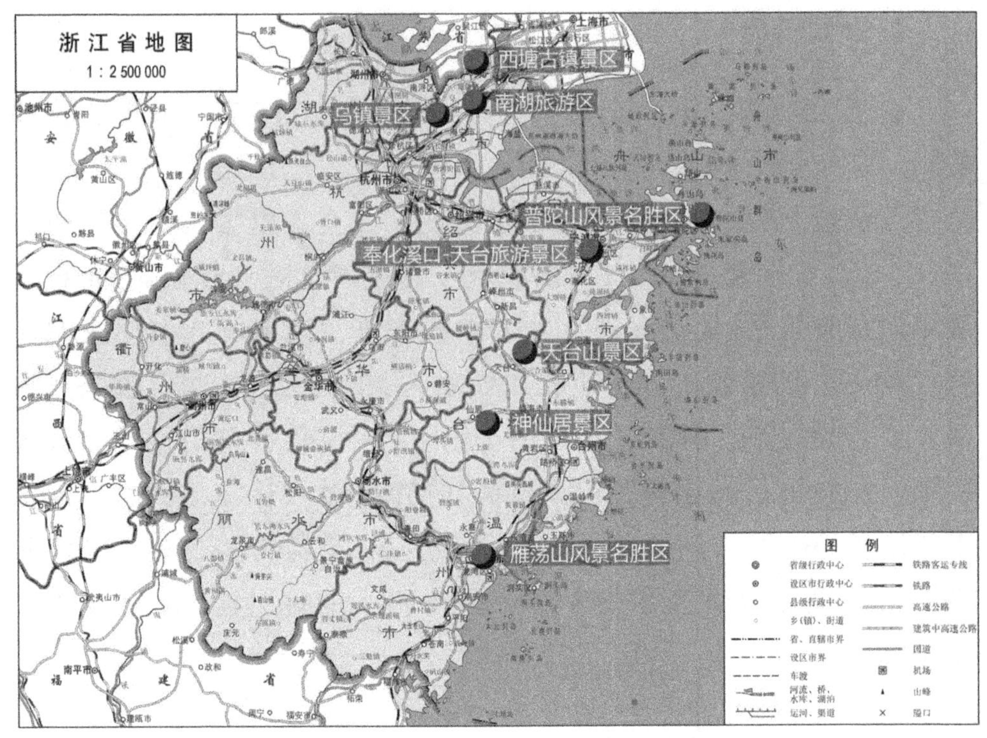

注：本图来源于浙江省测绘与地理信息局编制的天地图。

图 4-7 滨海 5 市国家 5A 级风景区分布

四、旅游度假区

2015 年 10 月，国家旅游局公布了首批国家级旅游度假区，浙江省拥有 3 家，即宁波东钱湖旅游度假区、湖州太湖旅游度假区、杭州湘湖旅游度假区。东钱湖旅游度假区经过多年开发，休闲旅游配套设施渐趋齐全，特色酒店、房车露营、湿地木屋、民宿客栈等创意旅游产品日益丰富，还有自行车驿站、步行绿道、皮划艇俱乐部、水上乐园等休闲项目，已成为名副其实的浙东旅游热门选择。此外，全省还有省级旅游度假区 44 家，滨海 5 市中嘉兴 5 家，宁波 4 家，舟山 2 家，台州 5 家，温州 1 家，占全省旅游度假区的 38.6%（见表 4-9、图 4-8）。

表 4-9　滨海 5 市旅游度假区一览

地市	名称	面积（km^2）	主要资源特色	级别	县域
嘉兴	嘉兴湘家荡旅游度假区	7.15	江南水乡，田园风光	省级	/
嘉兴	平湖九龙山旅游度假区	10.12	沙滩，森林，海岛古迹	省级	平湖
嘉兴	乌镇—石门省级旅游度假区	38.29	风情小镇	省级	
嘉兴	海宁盐官省级旅游度假区	46.50	钱江潮文化、千年古城市	省级	海盐
嘉兴	嘉善大云温泉省级旅游度假区	12.79	温泉、田园	省级	
宁波	宁波东钱湖旅游度假区	65.20	石刻、高尔夫、温泉度假	国家级	/
宁波	宁波松兰山旅游度假区	25.10	沙滩，海岛风光，文化	省级	象山
宁波	镇海九龙湖省级旅游度假区	44.35	湖泊、生态、古镇	省级	镇海
宁波	宁海森林温泉省级旅游度假区	36.01	温泉、森林	省级	宁海
舟山	舟山群岛定海国际旅游度假区	42.00	海洋海岛风情	省级	定海
舟山	舟山群岛普陀国际旅游度假区	51.70	海洋海岛风情	省级	普陀
台州	神仙居旅游度假区	51.70	自然山水	省级	/
台州	台州绿心省级旅游度假区	44.53	森林、湖泊、城市绿心	省级	/
台州	椒江大陈岛省级旅游度假区	24.59	海洋海岛旅游	省级	椒江
台州	石塘半岛省级旅游度假区	24.83	海洋海岛旅游	省级	温岭
台州	临海牛头山旅游度假区	10.20	自然山水，湖泊景观	省级	临海
温州	泰顺廊桥—氡泉省级旅游度假区	51.60	温泉、廊桥	省级	
温州	文成天湖省级旅游度假区	32.20	自然山水，湖泊景观，文化	省级	

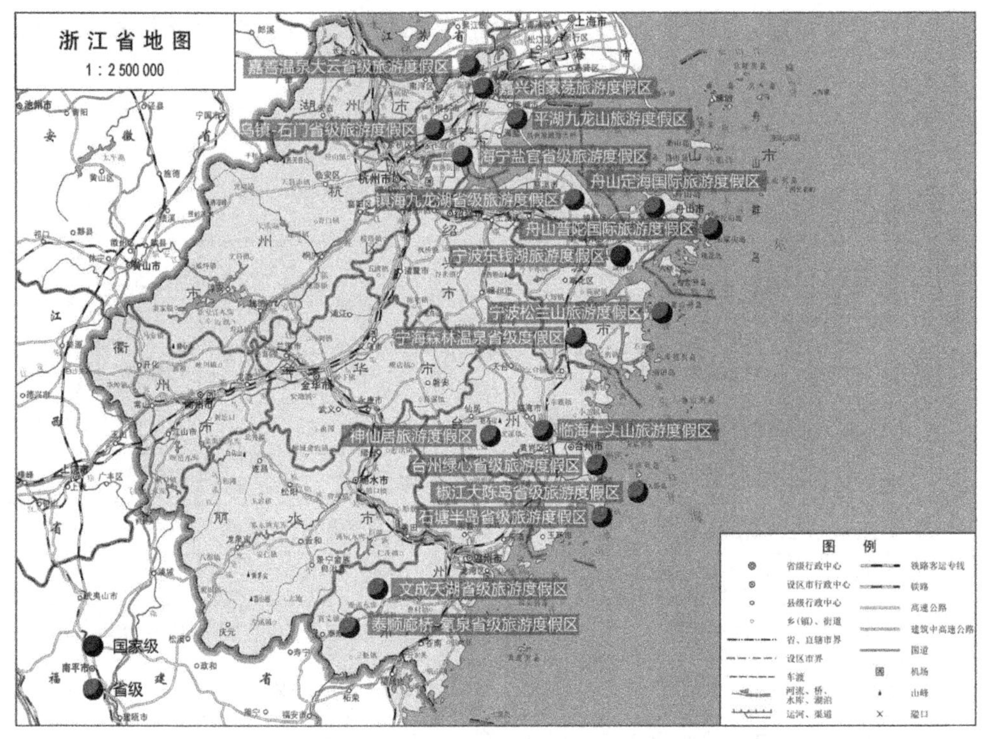

注：本图来源于浙江省测绘与地理信息局编制的天地图。

图 4-8　滨海 5 市旅游度假区分布

五、省级生态旅游区

全省目前共有 83 家省级生态旅游区，如表 4-10～表 4-14 所示。其中，宁波市共 8 家，全部位于滨海县(市、区)，数量居全省第一；台州地区 8 家，其中滨海县(市、区)占 7 家；温州市 12 家，其中滨海县(市、区)占 5 家；舟山市 4 家，全部位于滨海县(市、区)；嘉兴地区 7 家，其中滨海县(市、区)占 3 家。

表4-10　宁波市生态旅游区(含示范区)　（单位：家）

创建年份	数量	名　　称	滨海县(市、区)
2008	1	宁波大桥生态农庄旅游区	慈溪
2009	1	宁波奉化滕头村	奉化
2010	1	宁波奉化溪口风景名胜区	奉化
2011	1	宁波雅戈尔达蓬山文化旅游区	慈溪
2013	1	宁波余姚丹山赤水旅游景区	余姚
2014	1	奉化大堰原生态景区	奉化
2015	1	宁波市宁海森林温泉旅游度假区	宁海
2016	1	宁波杭州湾国家湿地公园景区	宁海

表4-11　温州市生态旅游区(含示范区)　（单位：家）

创建年份	数量	名　　称	滨海县(市、区)
2009	1	温州南雁荡山景区	平阳
2010	1	温州百丈飞瀑景区	/
2011	2	温州永嘉石桅岩景区	/
		温州文成铜玲山景区	/

（续表）

创建年份	数量	名　　称	滨海县(市、区)
2013	3	温州永嘉龙湾潭国家森林公园	/
		瑞安花岩国家森林公园	瑞安
		文成龙麒源景区	/
2014	1	永嘉县四海山森林公园	/
2015	2	温州市雁荡山国家森林公园	乐清
		温州市苍南县玉苍山国家森林公园	苍南
2016	2	温州泰顺乌岩岭景区	/
		温州乐清雁荡山灵峰景区	乐清

表 4-12　嘉兴市生态旅游区(含示范区)　（单位：家）

创建年份	数量	名　　称	滨海县(市、区)
2008	1	嘉兴南湖风景区	/
2009	1	嘉兴海盐南北湖景区	海盐
2010	1	嘉兴乌镇景区	/
2011	1	嘉兴平湖东湖景区	平湖
2014	1	南湖区梅花洲景区	/
2015	1	嘉兴市海盐县绮园景区	海盐
2016	1	嘉兴湘家荡环湖景区	/

表4-13　台州市生态旅游区(含示范区)　（单位：家）

创建年份	数量	名　　称	滨海县（市、区）
2008	1	台州天台山风景名胜区	天台
2009	1	台州仙居神仙居景区	/
2010	1	台州临海江南长城景区	临海
2011	1	台州温岭长屿硐天景区	温岭
2013	2	台州玉环漩门湾旅游景区	玉环
		温岭方山旅游景区	温岭
2014	1	三门蛇蟠岛景区	三门
2015	1	台州市玉环县大鹿岛景区	玉环

表4-14　舟山市生态旅游区(含示范区)

创建年份	名　　称	滨海县（市、区）
2008	舟山桃花岛风景旅游区	普陀
2009	舟山普陀山景区	普陀
2014	朱家尖大青山国家公园	普陀
2016	舟山定海新建生态村景区(南洞艺谷)	定海

六、产业融合基地

目前，浙江省海洋海岛旅游新业态融合的类型主要为运动休闲、中医药文化养生、康体养生、休闲渔业等。

1. 工业旅游示范基地

截至2016年底，浙江工业旅游示范基地累计共有85家，其中滨海5市共有35家，依次为宁波(15家)、嘉兴(10家)、温州(6家)、台州(3家)、舟山(1家)，如表4-15所示。

表4-15 滨海5市工业旅游示范基地 (单位：家)

<table>
<tr><th>创建年份</th><th>地市</th><th>数量</th><th>名称</th><th>滨海县(市、区)</th></tr>
<tr><td rowspan="10">2012</td><td rowspan="2">宁波</td><td rowspan="2">2</td><td>浙江造船有限公司</td><td>象山</td></tr>
<tr><td>宁波远景汽车零部件有限公司</td><td>慈溪</td></tr>
<tr><td rowspan="4">温州</td><td rowspan="4">4</td><td>浙江英博雁荡山啤酒有限公司</td><td>乐清</td></tr>
<tr><td>三门核电有限公司</td><td>三门</td></tr>
<tr><td>浙江红蜻蜓鞋业股份有限公司</td><td>永嘉</td></tr>
<tr><td>正泰集团股份有限公司</td><td>乐清</td></tr>
<tr><td>嘉兴</td><td>1</td><td>嘉兴铁哥们企业管理有限公司</td><td>—</td></tr>
<tr><td>舟山</td><td>1</td><td>浙江富丹旅游食品有限公司</td><td>普陀</td></tr>
<tr><td>台州</td><td>1</td><td>中国国电集团温岭江厦潮汐试验电站</td><td>温岭</td></tr>
</table>

（续表）

创建年份	地市	数量	名　　称	滨海县（市、区）
2013	宁波	6	余姚裘皮城	余姚
			沁园集团	—
			宁波欧琳厨具有限公司	—
			海伦钢琴股份有限公司	北仑
			和丰创意广场	—
			宁波市牛奶集团有限公司	—
	温州	1	康奈集团	—
2014	宁波	2	宁波鄞州引发雪菜工业园	—
			宁波慈溪时发古典家具有限公司	慈溪市
	温州	1	温州平阳浙江一鸣食品股份有限公司	平阳县
	嘉兴	3	嘉兴嘉善斯麦乐巧克力乐园	—
			嘉兴桐乡浙江港龙木结构科技有限公司（港龙木屋休闲体验馆）	—
			嘉兴南湖风雅陶笛文化休博园	—
2015	宁波	2	光大环保能源（宁波）有限公司	—
			上海大众汽车有限公司宁波分公司	—
	嘉兴	3	浙江依爱夫游戏装文化产业有限公司	—
			浙江泛亚生物医药股份有限公司	—
			桐乡恒基建设集团有限公司	—

（续表）

创建年份	地市	数量	名　　称	滨海县（市、区）
2016	宁波	3	慈溪寿鹤陶瓷有限公司	慈溪
			宁波市朱金漆木雕文化发展有限公司	—
			宁波北区污水处理有限公司	—
	嘉兴	3	桐乡市华旺毛衫业科技开发有限公司	—
			桐乡市汇才红木家具有限责任公司	—
			浙江伊思佳体育旅行装备有限公司	平湖
	台州	2	浙江同康酒业有限公司	温岭
			临海市浙东休闲家具城	临海

2. 中医药文化养生示范基地

2014—2016 年，浙江省共评定中医药文化养生示范基地共有 38 家，其中滨海 5 市占 14 家，温州数量最多，共 7 家；其次是宁波，共 3 家(见表4-16)。

表 4-16　中医药文化养生旅游示范基地　（单位：个）

创建年份	地市	数量	创建单位	滨海县（市、区）
2014	温州	1	温州泰顺玉龙山氡温泉	—
	嘉兴	1	嘉兴秀洲清池温泉	—

（续表）

创建年份	地市	数量	创建单位	滨海县（市、区）
2015	宁波	2	宁波市香泉湾山庄有限公司	余姚
			宁波易中禾仙草园	—
	温州	2	雁荡山铁枫堂铁皮石斛	乐清
			温州中医院普安文化养生基地	—
2016	宁波	1	宁波枫康石斛养生园	象山
	温州	4	浙江聚优品铁皮石斛生产基地	乐清
			雁荡山龙西石斛谷	乐清
			泰顺穆寨栀子花生产基地	—
			浙江四海山中医药文化养生基地	—
	嘉兴	1	华圣石斛园	—
	台州	1	天台山温泉山庄	—
	舟山	1	舟山中医院中医药养生保健旅游基地	定海

3. 省运动休闲旅游示范基地及项目

截至 2016 年底，浙江共有运动休闲旅游示范基地 12 个，其中滨海 5 市有舟山普陀国际游艇会景区（2013）、浙东第一尖 · 雪山欢乐谷（宁海）（2014）、宁波东钱湖旅游度假区（2017）、临海江南大峡谷景区（2017）等 4 家。普陀国际游艇景区是长三角首家海上大型游艇俱乐部，游艇会集游艇码头、五星级酒店、会所、海景别墅等于一体，以游艇观光和游艇运动体验为特色。此外，浙江有运动休闲旅游示范项目 50 个，滨海 5 市占 24 家，其中温州市最多，有 10 家(见表 4-17)。

表 4-17　浙江省运动休闲类旅游项目　　（单位：个）

<table>
<tr><th>年份</th><th>地市</th><th>数量</th><th>项目名称</th><th>所属单位</th></tr>
<tr><td rowspan="5">2013</td><td rowspan="2">宁波</td><td rowspan="2">2</td><td>第九洞天大穿越</td><td>宁波丹山赤水旅游发展有限公司</td></tr>
<tr><td>宁波(鄞州)网球中心</td><td>宁波惠风体育发展有限公司</td></tr>
<tr><td rowspan="3">温州</td><td rowspan="3">3</td><td>凯易路马术俱乐部</td><td>浙江凯易路马术有限公司</td></tr>
<tr><td>苍南县玉龙湖水上乐园</td><td>温州玉龙湖生态农业开发有限公司</td></tr>
<tr><td>东方仰义乡村俱乐部</td><td>温州东方仰义乡村俱乐部有限公司</td></tr>
<tr><td rowspan="6">2013—2015</td><td rowspan="3">宁波</td><td rowspan="3">3</td><td>九龙湖登山健身步道</td><td>宁波市九龙湖度假村有限公司</td></tr>
<tr><td>山地自行车</td><td>雅戈尔达蓬山旅游投资开发有限公司</td></tr>
<tr><td>马术</td><td>宁波市新正马术俱乐部有限公司</td></tr>
<tr><td rowspan="3">温州</td><td rowspan="3">3</td><td>皮艇漂流</td><td>温州泽雅大峡谷漂流服务有限公司</td></tr>
<tr><td>房车露营</td><td>永嘉旅游投资集团有限公司</td></tr>
<tr><td>竹筏漂流</td><td>永嘉楠溪江石马旅游开发有限公司</td></tr>
</table>

（续表）

年份	地市	数量	项目名称	所属单位
2013—2015	嘉兴	1	竞技垂钓	桐乡市畅想园农业开发有限公司
	台州	2	山地滑草	临海江南大峡谷旅游发展有限公司
			滑泥（蛇蟠岛）	浙江蛇蟠岛旅游开发有限公司
	舟山	1	荒岛求生	舟山市新星青少年体育俱乐部
2015—2017	宁波	2	攀岩	宁波它山拓展运动有限公司
			定向运动（前童古镇）	宁波前童布阵旅游发展有限公司
	温州	4	登山（楠溪江百丈瀑）	永嘉大若岩老兵运动休闲有限公司
			峡谷穿越（文成九溪）	浙江阳锦旅游开发有限公司
			森林滑道	乐清市雁荡净名谷运动休闲旅游开发有限公司
			露营（洞头鹿西三坪）	温州市洞头区鹿西乡人民政府
	嘉兴	1	高尔夫	海宁尖山高尔夫俱乐部有限公司
	台州	2	徒步（永安溪绿道）	仙居县永安绿道旅游开发有限公司
			水上摩托（蓝波湾）	台州蓝波湾旅游开发有限公司

4. 休闲渔业精品基地

截至2016年底，经省海洋与渔业局、省旅游局共同认定的全省休闲渔业精品基地共20家，其中滨海5市共占9家，除嘉兴以外，宁波(4家)，舟山(2家)和台州(2家)均属于滨海县(市、区)，如表4-18所示。

表4-18 滨海5市休闲渔业精品基地 （单位：家）

年份	地市	数量	名称	滨海县（市、区）
2014	宁波	2	余姚市青港渔绿园渔庄	余姚
			余姚市牟山湖华馨园休闲农庄有限公司	余姚
	舟山	2	岱山县衢山凉峙渔家乐休闲旅游服务有限公司	岱山
			嵊泗县石柱渔家乐	嵊泗
2015	宁波	2	余姚市牟山湖水上人家农庄	余姚
			宁海县百年梅花山庄	宁海
	台州	2	玉环县大鹿岛休闲基地	玉环
			玉环县江岩渔村	玉环
2016	嘉兴	1	浙江运河湾农业科技有限公司	—

七、旅游类特色小镇

2015年，浙江省认定的第一批37个省级特色小镇创建名单中，旅游类8家，属于滨海县(市、区)的共有2家；2016年认定的第二批42个省级特色小镇创建名单中，旅游类10家，属于滨海县(市、区)的共有4家，主要集中在舟山、宁波和台州。以舟山为例，朱家尖禅意小镇规划面积3.8 km^2，计划总投资116亿元，小镇依托普陀山佛教文化、朱家尖海洋经济，重点发展禅文化博览与体验、海洋海岛旅游文化产业、健康养生服务及休闲度假旅游产业，力图打造国内一流的观音文化禅意小镇；沈家门渔港小镇则依托渔业旅游资源开发、海洋产品贸易、海洋饮食文化，以海洋捕捞和海产养殖业为产业支柱，力图打造集“海洋风光、海洋建筑、渔家生活、海产品贸易”于一体的生态型旅游渔港小镇(见图4-9、表4-19)。

表4-19　滨海5市省级旅游特色小镇　(单位：个)

批次	地市	数量	省特色小镇(旅游产业类)	滨海县(市、区)
第一批	嘉兴	1	嘉善巧克力甜蜜小镇	—
	台州	1	仙居神仙氧吧小镇	—
第二批	台州	1	天台天台山和合小镇	—
	宁波	1	杭州湾新区滨海欢乐假期小镇	慈溪
	温州	1	文成森林氧吧小镇	—
	舟山	2	普陀沈家门渔港小镇	普陀
			朱家尖禅意小镇	普陀

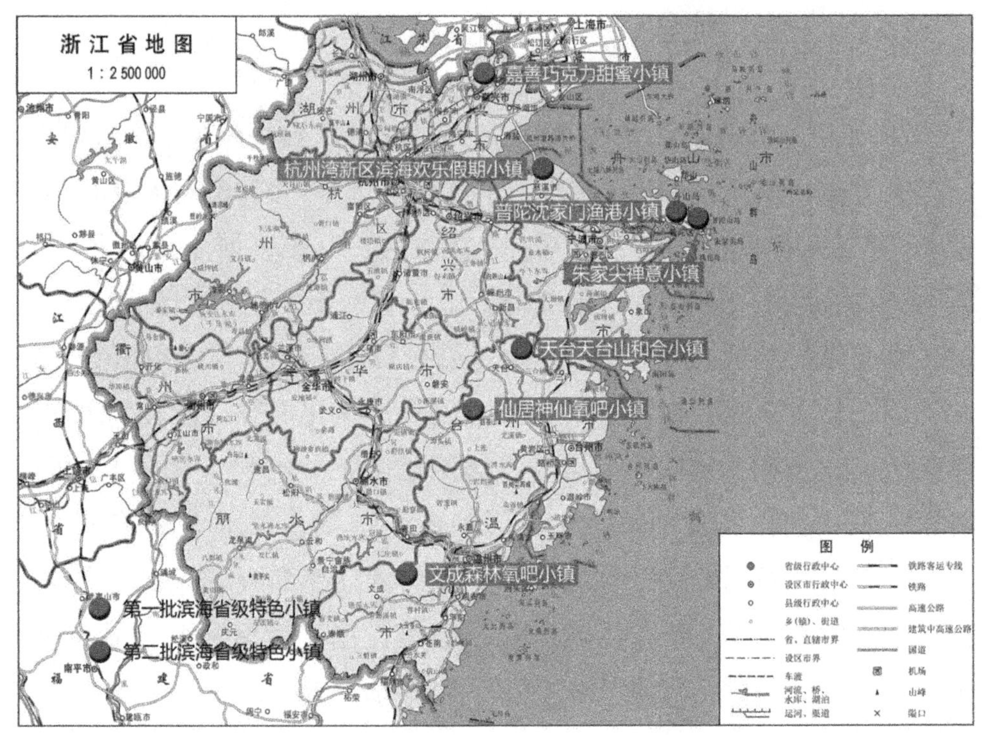

注：本图来源于浙江省测绘与地理信息局编制的天地图。

图 4-9　滨海 5 市省级旅游特色小镇分布

八、旅游风情小镇

2016 年，浙江全省共认定 21 家省级旅游风情小镇，滨海 5 市共有 11 家。其中，宁波最多，有慈溪观海卫镇(鸣鹤古镇)、象山石浦镇、宁海前童镇共 3 家；温州和嘉兴各 2 家，舟山和台州各 1 家，这些旅游风情小镇无疑是“十三五”乡村旅游优先发展的重点区域(见表 4-20)。

表 4-20　滨海 5 市的省旅游风情小镇　　（单位：家）

创建年份	地市	数量	省旅游风情小镇	滨海县（市、区）
2016	宁波	3	慈溪观海卫镇(鸣鹤古镇)	慈溪
			象山石浦镇	象山
			宁海前童镇	宁海
	温州	2	苍南矾山镇、泰顺泗溪镇	—
	嘉兴	2	桐乡乌镇镇、嘉善西塘镇	—
	舟山	1	嵊泗五龙乡	嵊泗
	台州	1	温岭石塘镇	温岭

第三节　旅 游 投 资

近年来，浙江旅游投资始终秉承“大项目带动大投入，大产业促进大发展”的理念，2016年省政府印发《关于进一步促进旅游投资和消费的若干意见》（浙政办发〔2016〕40号），面对旅游投资主体日益多元、投资结构不断优化、投资方向日渐贴近需求，推动了一批运动健康类、注重旅游体验的邮轮、游艇、水上飞机、民宿等消费新热点项目。旅游投资在推动旅游供给侧改革、满足不断升级的多样化市场需求方面正发挥着日益重要的作用。

据统计，2016年全省旅游投资规模实现快速增长，共有在建项目1628个，较2015年增加293个，同比增长21.9%；在建项目总投资达11775.2亿元，较上年增加2143.7亿元，同比增长22.3%；累计完成投资4711.3亿元（见图4-10）。

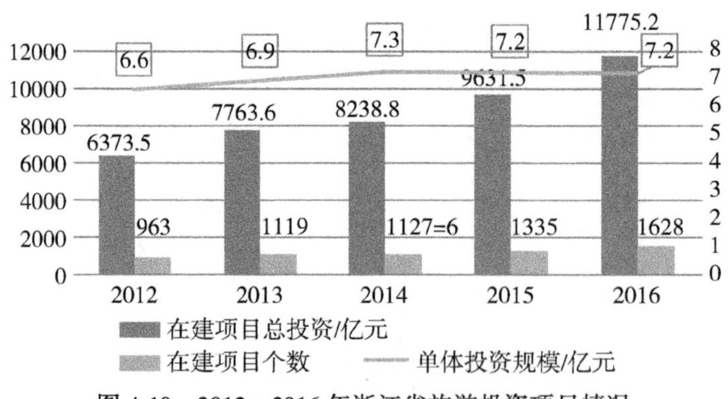

图4-10　2012—2016年浙江省旅游投资项目情况

一、投资规模

1. 新开工项目增多

从项目开工的区域看，温州的投资项目数量遥遥领先，占全省第一，投资项目个数占全省27.7%；宁波的投资额占全省第一，占全省21.9%。浙江旅游投资不仅在项目投资总额上突破万亿元，单体投资金额百亿元以上的项目明显增多，超过了15个(见表4-21)。

表4-21　2016年滨海5市旅游投资情况(单位：亿元)

地市	项目个数	总投资	累计完成投资	计划投资	实际完成投资
嘉兴	80	1064.10	342.05	98.32	76.78
宁波	191	2575.45	975.24	209.46	220.96
舟山	47	166.35	59.91	9.36	21.11
台州	56	638.37	278.59	63.03	69.78
温州	451	1305.25	656.59	162.09	218.19

2016年，邮轮游艇投资项目个数12个，总投资73.99亿元，累计完成投资53.43亿元。

2. 单体投资创新高

2016年，浙江省旅游总投资首次突破1万亿元。全省投资超过

10亿元的旅游项目有260个，较2015年增加29个，占在建项目的16.0%；投资超过50亿元的旅游项目有52个，较2015年增加18个，占在建项目的3.2%；共有28个项目入选国家旅游局与国家开发银行等10家银行推荐的《2016全国优选旅游项目名录》(747个)，其中滨海5市共有7家。

旅游投资重点转向健康养老、运动休闲、文化创意、特色民宿、房车自驾车营地等领域，一批特大型项目如山水六旗国际度假区、太湖龙之梦乐园、杭州大悦城旅游、宁波阳光海湾旅游度假区、湖州国际乡村旅游度假精品示范区等一批旅游大项目落地。其中，山水六旗总投资将超过300亿元，辐射周边300km区域，预计每年吸引1200万名游客，直接间接提供超过10万就业岗位(见表4-22)。

表4-22　滨海5市入选国家旅游局优选旅游项目

地市	名　　称	重点领域
宁波	阳光海湾旅游度假区 华强中华复兴文化园一期	滨海、文化创意 非物质文化遗产
台州	台州府城文化旅游区建设项目	历史文化
嘉兴	浙江山水六旗国际度假区项目	文化、度假区
舟山	定海新建生态村建设项目(南洞艺谷) 普陀沈家门渔港特色小镇 普陀杉杉普陀天地	海洋渔业、中老年休闲养生、生态旅游、住宅

3. 区域投资不均衡

从投资区域来看，2016 年，全省旅游投资项目仍主要集中在宁波、杭州和温州三个地区。滨海 5 市中，宁波占 21.9%，温州占 11.1%，嘉兴占 9.0%；而台州和舟山分别只占 5.4%和 1.4%，这和其区位以及经济实力有一定关系(见图 4-11)。

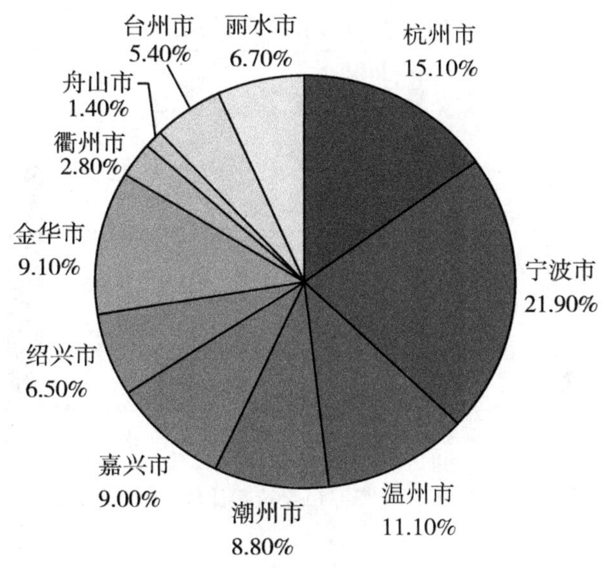

图 4-11　2016 年浙江省旅游投资项目区域分布情况

二、投资结构

1. 民营资本投资上升

从投资主体来看，浙江省旅游投资分别来自于政府、国营、民营、股份制、外资及其他。图 4-12 显示，民营资本仍是浙江旅游投资的主力军，其次是国有资本和政府投资。2016年，民营企业完成投资额753.66亿元，占企业投资的64.6%。其中，滨海5市的民营企业投资占全省旅游投资的20.46%。

从区域来看，温州、宁波是2016年滨海5市旅游投资的主体，分别贡献了221亿元、218亿元，其他三市的旅游投资较少，舟山只有21亿元，不足温州、宁波的十分之一。

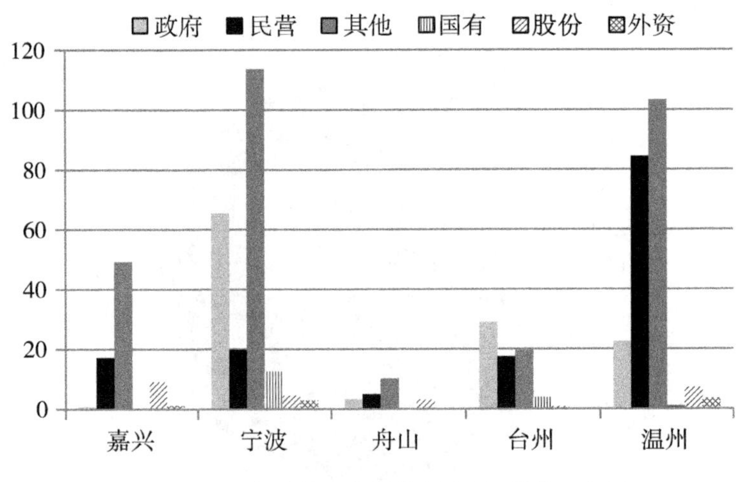

图4-12　2016年滨海5市投资额比较(单位：亿元)

2. 社会资本参与投资

浙江旅游投资的资本结构，出现了越来越多社会资本的身影，尤其是大项目，如海盐山水六旗、长兴龙之梦等10多个旅游项目投资均超百亿元。2016年11月开工的海盐滨海国际度假区项目是浙江省财政厅公布的86个浙江省第三批政府和社会资本合作(PPP)推荐项目中的一个，它是浙江省最大的文旅类PPP项目，采用政府与社会资本合作的模式实施运作，合作期限共计20年，建设期约为 8 年。

3. 新业态投资成热点

生态旅游、海洋海岛、邮轮游艇、康体养生等休闲度假产品是海洋海岛旅游的投资热点。2016 年，海洋海岛旅游和邮轮游艇发展迅猛，投资增幅均超过 60%。

第四节　存在的不足

一、行业发展不均衡

浙江滨海5市行业发展上呈现区域不均衡的现象。星级饭店、星级旅行社明显向宁波等经济发达地区集中，而海洋海岛旅游发展较好的城市或县域如舟山市、嵊泗县、文成县高等级的星级饭店和星际旅行社较少，与其未来发展不匹配。接待设施的不足，也一定程度上制约着这些地区海洋海岛旅游的进一步发展。

二、产业延伸度较低

首先，浙江滨海5市缺乏对海洋纵深、离岸岛屿、无人岛以及海岸陆域腹地的深度开发和综合利用，山、海、湖联动之势尚未形成。以2011年4月国家海洋局公布的浙江省首批31个可以开发利用的无居民海岛为例，截至2016年底，仅有象山的大羊屿岛和旦门山岛进行了开发。其次，海洋海岛旅游产业与滨海5市的城市特色经济、特色旅游资源的整合渗透不够。从产业融合的角度看，浙江的海洋海岛旅游业与航运业、休闲渔业、文化创意产业等的互动尤其不够，不仅需在横向上与各产业部门直接和广泛的融合发展，更要在纵向上与产业链上中下游各环节渗透融合，形成旅游消费带动产业升级。

三、投资结构不合理

浙江滨海 5 市现有的海洋海岛旅游产品大多属于观光类型，以门票经济为支撑，依赖于客流量，休闲度假等深度产品的开发还处于初级阶段。从投资统计可以看出，海洋海岛旅游大项目、高端项目比较缺乏，在项目投资规划、产业投资引导目录等方面有一些缺陷。比如说，养老、中医药养生、航空、滨海运动休闲、房车营地等新业态快速发展，各地引资目录与实际投资存在一哄而上的情况。尽管民营资本投资上升，但是相对于浙江省更为庞大的、活跃的民间资本，由于旅游投资规模较大、收效缓慢，投资商的投资积极性相对不高，且投资的倾向性相对集中，存在着较为普遍的重复建设和盲目投资问题。

第五章

浙江滨海县(市、区)海洋海岛旅游业发展

第一节　宁　波　市

一、概况

宁波市位于我国大陆海岸线中段的东海之滨，海域面积达 9758 km^2，岸线总长 1518.03 km，其中大陆岸线 787.42 km，岛屿岸线 730.61 km，拥有 500 m^2以上的岛屿 531 个，除渔山列岛离大陆较远外，其余均分布在近岸，且大部分属于无居民岛。海域由“三湾”和“五洋”组成，即杭州湾、象山港、三门湾以及横水洋、峙头洋、磨盘洋、大目洋、猫头洋。宁波是中国沿海城市中极为少见的港湾型城市，不仅拥有优越的天然深水良港——北仑港，而且还与“三湾”“五洋”共同形成了独具特色的港湾资源优势。滨海湿地资源丰富，从等级来看，象山港海岸湿地为国家级重要湿地；三门湾海岸湿地、韭山列岛湿地为省级重要湿地；渔山列岛、花岙岛、象山红岩、檀头山岛、西沪港等湿地为市级重要湿地。

宁波地处长三角南翼，依托长三角世界第六大城市群及我国最大的旅游客源市场——长三角旅游市场，东连普陀、西接杭州、南通雁荡、北倚上海，形成了以港口为中心，以“一环五射”高速公路网为骨架，铁、公、空、水立体并进的现代化大交通格局，旅游网络区位优势明显。杭州湾跨海大桥工程、象山港跨海大桥、陆桥连岛工程、甬舟港口一体化等大项目的推进，使宁波成为区域网络枢纽中心。

近年来，宁波市委、市政府高度重视海洋资源开发工作，多次召开专题工作会议，制定出台了《宁波市海洋开发规划》《加快宁波海洋经济发展的若干意见》《关于发展海洋渔业经济与加强海洋管理的若干意见》《宁波海洋经济现代化建设规划》等一系列政策与规划，形成了发展海洋经济的战略思路，并以海洋综合管理为抓手，依法加强海岸带管理、海域管理和渔政管理，海域综合管理明显加强，保护海洋资源和生态环境取得了积极进展，海洋经济得到全面发展。日趋完善的政策与规划为宁波海洋海岛旅游产业发展提供了重要保障。

宁波的海洋海岛旅游为“一核两翼八区”的港湾型发展格局。“一核”为宁波城区，是宁波旅游发展的核心，主要包括海曙、江东、江北、鄞州、镇海、北仑六区的行政区域，重点是沿三江区域。市中心三区(海曙、江东、江北)主要完善宁波旅游的集散功能和公共服务体系。“两翼”为南北两翼，北翼包括城区以北，慈溪、余姚所属的行政区域，重点以杭州湾沿海区域为主，南翼则是宁波城区以南的奉化区、宁海县和象山县的行政区域，重点是沿海区域。“八区”包括以松兰山黄金海岸带为中心，联动大目湾新城区块，以滨海景观道路交通体系为枢纽，重点培育海滨度假、养生休闲产品的松兰山—大目湾区块；以石浦镇为旅游集散中心，以东海风情、渔港文化等为依托，打造具有浓郁地方特色的东海风情旅游小镇的石浦—三大海岛区块；以海洋文化经济为背景，充分发挥象山影视城产业基础的大象山影视城—大塘港区块；以杭州湾湿地生态观光、商务健身休闲、滨海农业观光等为主的环杭州湾区块；以招宝山—海防口历史文化旅游为核心的镇海北仑港区块；依托国家水下文化遗产保护宁波基地及港口博物馆等公共文化项目，重点推进以梅山保税港区进口商品购物旅游和近海邮轮旅游线路开发的梅山春晓区块；重点推进以阳光海湾、宁海湾旅游度假区相关项目建设的象山港内湾区块；以宁海三门湾新区为主体，依托胡陈港休闲度假区、国家海洋湿地公园等项目建设的宁海三门湾区块。

2016 年，宁波市共接待游客 9371.87 万人次，同比增长 16.02%，其中，接待国内游客 9198.38 万人次，同比增长 16.14%；接待入境游客 173.49 万人次，同比增长 10.14%。2016 年，宁波市实现旅游总收入 1446.44 亿元，同比上一年增长 17.28%；完成旅游投资 219.92 亿元，比 2015 年增加 24.98%。全市旅游经济总体呈现稳中向好的发展态势，实现“十三五”旅游业发展开门红。目前，宁波共有星级饭店 123 家，其中五星级 22 家；旅行社 324 家，其中三星级以上旅行社 86 家；省市级旅游基地合计 124 家，其中各类市级休闲旅游基地 90 处，省级以上旅游基地 34 处；拥有 5A 级景区 1 家，4A 级景区 31 家，3A 级景区 16 家；拥有 1 个国家级和 3 个省级旅游度假区。宁波海洋海岛旅游的境外游客主要来自日本、韩国、美国、新加坡、英国、德国、法国、澳大利亚，境内游客以江浙沪和福建为主，以广东、北京、山东、安徽和华东其他区域为辅(见表 5-1)。

表 5-1　2016 年宁波滨海县(市、区)旅游业发展情况

滨海地区	滨海景区数量/个	旅游人数/万人次	增幅/%	旅游收入/亿元	增幅/%
慈溪	2	1201.33	36.30	105.49	37.68
镇海	1	772.28	11.16	57.47	15.80

（续表）

滨海地区	滨海景区数量/个)	旅游人数/万人次	增幅/%	旅游收入/亿元	增幅/%
北仑	2	888.89	17.58	54.40	19.90
鄞州	1	1676.62	13.36	194.79	15.25
奉化	1	1793.59	10.70	136.87	16.02
象山	5	1962.00	10.10	186.80	14.74
宁海	1	1188.20	11.70	131.10	11.76

二、慈溪市

慈溪市位于杭州湾跨海大桥南岸，东南紧靠宁波，西南与余姚接邻，北与上海隔海相望，地处沪、杭、甬经济金三角的中心地带。全市行政区域面积1154 km^2，东南部为低山丘陵区，林木果品繁多；中西部为辽阔平原，土壤肥沃，盛产果蔬等农特产品；北部为杭州湾，拥有66 km的海岸线，蕴藏丰富的海涂资源。慈溪境内文物古迹众多，上林湖越窑遗址和虞洽卿故居均为国家级文物保护单位，青瓷文化、围垦文化、移民文化是慈溪拥有的三大传统区域文化。“十三五”时期，慈溪市将立足区位优势和独特资源优势，重点发展旅游休闲服务业，打造新慈湖旅游度假区、鸣鹤上林湖等风景区块，实施雅戈尔大桥生态农庄、上林湖越窑考古遗址保护和整治工程、上林湖国家遗址公园等项目建设。

慈溪的海洋海岛旅游以西部的杭州湾滨海旅游区为核心，主要包括杭州湾湿地、大桥农庄、海天一洲、伏龙山滨海运动基地等。“十二五”期间，慈溪依托现有的滨海旅游资源，打造精品的旅游节事活动，如小海鲜美食节、滩涂运动会；融合大桥观海、湿地观鸟、海鲜美食等因素，推出滨海一日游、二日游线路。

慈溪目前有滨海景区 2 个(见表 5-2)。

表 5-2　慈溪市滨海景区简况

景区名称	等级	景区简介
宁波大桥生态农庄	AAAA	总面积达 2000 亩(1 亩 = 666. $\dot{6}$ m²)，其中陆地面积 1500 亩，水域面积 500 亩；是集农业风情、种植文化、科普教育、休闲娱乐等于一体的现代化农业观光庄园。
海天一洲景区	AAAA	集大桥展示、休闲观光、旅游购物、餐饮住宿、商务洽谈等功能于一体。

2016 年，慈溪市共接待游客 1201. 33 万人次，比上年增长 36. 3%，其中接待国内游客 1193. 19 万人次，增长 36. 5%；接待入境游客 8. 14 万人次，增长 16. 3%。实现旅游总收入 105. 49 亿元，比上年增长 37. 7%，其中国内旅游收入 103. 09 亿元，增长 38. 4%，旅游外汇收入 3612 万美元，增长 16. 1%。

三、镇海区

镇海区位于浙江省宁波市境东北部，陆地面积 218 km^2，海岸线总长 26. 97 km，其中陆上海岸线 21 km，海岛海岸线 5. 97 km。镇海素有“海天雄镇”“浙东门户”“院士之乡”“商帮故里”“人文梓荫”之称。“十三五”期间，镇海区依托招宝山、九龙湖、宁波植物园等旅游景区，通过举办九龙湖国际马拉松赛、研学旅游夏令营、“音乐汇”、绿光音乐节、光明村梨花节、金秋旅游节等节事活动，积极发展自驾露营、军事体验、休闲度假、登山骑行等新兴业态，全力打造绿色假日休闲旅游目的地。

镇海区海洋海岛旅游开发以招宝山街道建设为重点，建设招宝山主题旅游小镇和国家级文化旅游区。依托招宝山海防文化公园、后大街社区、甬江沿岸文化旅游设施的建设整合，打造甬江沿岸具有鲜明海防文化特色的旅游景区。2016 年末全区拥有星级宾馆 8 家，旅行社 5 家，A 级旅游景区(点)4 个。

镇海目前有滨海景区 1 个(见表 5-3)。

2016 年，镇海区共接待游客 772.28 万人次，比上年增长 11.3%，其中接待入境游客 5.52 万人次，比上年增长 17.0%。旅游综合收入 57.47 亿元，比上年增长 15.8%，其中国内旅游收入 55.75 亿元，同比增长 15.4%；国际旅游外汇收入 2590 万美元，同比增长 19.5%。

表 5-3　镇海区滨海景区简况

景区名称	等级	景区简介
招宝山旅游风景区	AAAA	集自然风光、人文景观、宗教文化于一体的综合性游览区，也是镇海口海防遗址的重要组成部分；主要景点有威远城、鳌柱塔、宝陀寺和镇海口海防历史纪念馆等。

四、北仑区

北仑区位于浙江省陆地的最东端，是中国重点沿海港口城市之一，它以境内的深水港——北仑港而得名。北仑区总面积 823 km^2，其中陆地 585 km^2，海域 238 km^2；海岸线总长 168.23 km，其中陆上海岸线 78.84 km，海岛海岸线 89.39 km；大小岛屿 29 个，岛屿面积 63.14 km^2。

北仑海洋海岛旅游的主要景点为凤凰山海港乐园和中国港口博物馆。“十三五”期间，将大力打造现代时尚的滨海旅游新城，积极发展以游艇基地为核心的海洋度假功能区；完善梅山水道的旅游功能，加快梅山岛的旅游资源开发和洋沙山旅游区的开发建设；提升发展水上运动娱乐项目，开发春晓湿地公园和工业港口观光旅游项目。

北仑目前有滨海景区 2 个(见表 5-4)。

表 5-4　北仑区滨海景区简况

景区名称	等级	景区简介
中国港口博物馆	AAA	占地 78 亩，以港口文化为主题，集展示、教育、收藏、科研、旅游、国际交流等功能于一体，是国务院正式命名的我国规模最大、等级最高的“国字号”港口专题博物馆；包括中国港口历史馆、现代港口知识馆、港口科普馆、“数字海洋”体验馆、北仑史迹陈列和“水下考古在中国”陈列等。
凤凰山海港乐园	AAAA	占地 80 多万平方米，已有“世界广场”“魔幻村庄”“凤凰城堡”“探险旅程”“波波港湾”和“东海龙宫”六个主题园区，是集欢乐、时尚、惊喜、刺激为一体的乐园。

2016年，北仑区共接待游客888.89万人次，同比增长17.58%，其中国内游客864.64万人次，入境旅游者24.25万人次。实现旅游总收入54.40亿元，同比增长19.90%，其中国内旅游收入44.38亿元，国际旅游收入15074.98万美元。

五、鄞州区

鄞州区地处浙江东部沿海，面积1380.54 km^2(其中陆地面积1327.04 km^2，象山港水域面积53.5 km^2，有“五山四地一分水”之称。鄞州区海岸线总长25.66 km，主要由海塘及山脚线组成，滩涂总面积1.63万亩(12.2 km^2)，可利用面积0.55万亩。鄞州区境内有宁波栎社国际机场、东钱湖国家级旅游度假区、梁祝文化公园以及国内唯一的阿育王寺。鄞州区通过整合旅游、文化、体育、生态、农事等多方面资源，连续11年举办“美丽鄞州”欢乐游系列活动，推出欢乐健康体验、山海美景休闲、民俗文化熏陶、田园乡村采摘四大版块。目前，鄞州区拥有4A级景区4家，3A级景区3家。

鄞州区的海洋海岛旅游起步较晚，主要集中在滨海的塘栖、咸祥、瞻岐三个镇，目前利用的滩涂面积已达0.22万亩，主要发展滨海养殖体验、海鲜美食体验、渔村民宿、滨海休闲观光等旅游业态。本区拥有一个涉海旅游的4A级旅游景区——宁波海洋世界，它是融合海洋生物展示、海洋风景展示、大型海洋动物表演、海洋生态科普教育为一体，华东地区最具表演特色的大型海洋馆。

鄞州目前有滨海景区1个(见表5-5)。

2016年，鄞州区共接待游客1676.62万人次，同比增长13.36%；旅游总收入194.79亿元，同比增长15.25%，其中接待入境旅游者20.89万人次，同比增长14.83%，旅游外汇收入5855.92

万美元，同比增长20.98%。

表5-5　鄞州区涉海景区简况

景区名称	等级	景区简介
宁波海洋世界	AAAA	宁波海洋世界现拥有水族馆、海洋剧场两个场馆，其中水族馆建筑规模为10000 m^2，运用了最新颖时尚的海洋休闲游乐的场馆设计理念；海洋剧场建筑规模为5800 m^2，馆内设有日本瓶鼻海豚、俄罗斯白鲸、南美海狮、北极狼、北极狐、跳岩企鹅展示区，海洋科普教育长廊、海象喂食互动区、海洋科普馆。

六、奉化区

奉化区地处长三角南翼，东海之滨，是著名的弥勒圣地、蒋氏故里。全区陆域面积1277 km^2，海域面积91 km^2。海岸线总长103.03 km，其中陆上海岸线61 km，海岛海岸线42.03 km，地貌构成大体为“六山一水三分田”。奉化区结合地域历史文化、民俗风情和自然资源，发挥旅游节庆、赛事和展会活动的综合效应。依托中国(奉化)雪窦山弥勒文化节的知名度和美誉度，引领游客开展祈福未来之旅；依托“在那桃花盛开的地方”桃林盛景，继续开展“水蜜桃文化节”；依托大堰生态旅游节的知名度，大力发展山地越野车、高山探险、滑翔伞等新业态项目；依托布龙艺术文化节，大力开展制布龙、舞龙、赛龙等比赛，将条宅村打造成国家级舞龙传承基地与休闲养生旅游生态村。整合“民国风、弥勒梦、桃花情、生态城”等旅游品牌，推动全区旅游产业延伸互动，积极拓展国内外旅游市场。

奉化区目前已基本形成三镇(裘村、松岙、莼湖)、三区(滨海新区、阳光海湾、凤凰城)连动的格局。旅游发展重点是推进三镇林地生态源、湿地板块等滨海生态屏障建设以及国家4A级旅游景区黄贤森林公园、中国第一渔村桐照村、奉化莼湖渔家乐、翡翠湾休闲渔船等项目，大力打造集滨海度假、养生休闲、康体娱乐于一体的阳光海湾，力图成为华东首选的国际级滨海旅游度假胜地。

奉化目前有滨海景区1个(见表5-6)。

表5-6　奉化区滨海景区简况

景区名称	等级	景区简介
黄贤森林旅游区	AAAA	三面环山，一面临海，森林面积10200多亩，森林覆盖率90%以上，是一个集山川美景、滨海风情和人文古迹于一体的省级原生态森林公园；主要景点有红岩飞瀑、庙山亭、清和门、蟠龙寺、东祠庙、黄贤湖、黄公墓、黄公广场、东祠庙、东元塔、清和门、肖孙阁、蟠龙寺、飞云墰、海上山海关等。

2016年，奉化区共接待游客1793.59万人次，同比增长10.70%，实现旅游综合收入136.87亿元，同比增长16.02%。

七、象山县

象山县地处浙江东部，三面环海，是典型的半岛县。全县陆域面积 1382 km^2，海域面积 6618 km^2，有大小岛屿 656 个。海岸线总长 919. 38 km，其中陆上海岸线 378. 22 km，海岛海岸线 541. 16 km，是中国最佳海洋休闲旅游名县、中国渔文化之乡，入选首批国家全域旅游示范区创建名单。北部象山港为著名深水良港，南部石浦港是国家中心渔港和对台重要贸易口岸。拥有国家级非物质文化遗产 6 项、省级 13 项，被评为省级非遗保护综合试点县，被文化部列为国家级海洋渔文化生态保护实验区。象山石浦镇是首批全国历史文化名镇，连续举办 17 届的“中国开渔节”被列为全国十大民俗节庆。

象山抓住象山港大桥建成通车的历史性机遇，依托港湾的丰富资源，以松兰山旅游度假区、石浦旅游目的地开发建设为龙头，以象山影视城和花岙岛、檀头山岛、渔山岛三岛旅游开发为重点，全面开发县域海洋海岛旅游，打造长三角最具魅力的海洋海岛旅游目的地。目前拥有国家 3A 级旅游景区两个，即白玉湾生态农业观光、鲤龙潭森林公园；国家 4A 级旅游景区四个，即宁波松兰山旅游度假区、石浦中国渔村景区、象山石浦渔港古城和象山影视城。“十三五”期间，将以滨海休闲度假、海岛娱乐和海岛科考等项目为依托，通过推进游艇、邮轮产业发展和建设国内一流的国际化海洋海岛旅游休闲目的地，构建象山港旅游经济圈。以宁海、象山南部滨海区域为主体，以环石浦港旅游区、胡陈港等区域为重点，通过建设以商贸购物、影视文化、滨海度假、海岛休闲为特色的国际化旅游度假区，构建三门湾旅游经济圈。发展以慢行自驾、驿站相组合的城市绿道、蓝道、紫道系统，建设“杭州湾、象山港、三门湾”海湾滨海廊道。

象山目前有滨海景区 5 个(见表 5-7)，著名海岛沙滩 7 个(见表 5-8)，可开发利用无人岛 2 个(见表 5-9)。

表 5-7　象山县滨海景区简况

景区名称	等级	景区简介
白玉湾生态农业观光园	AAA	优质柑橘 50 多种，种植面积 1500 亩；葡萄 20 多种，种植面积 1200 亩；千亩东槐杨梅园；园区分游客科普区、餐饮区、采摘区、种植区、山野休闲区等。
松兰山旅游度假区	AAAA	省级旅游度假区；有“百果迎宾”“飞舟破浪”“海峡沙暖”“弥陀照景”等 5 大景观；有水上跳伞、帆板、沙滩球场、滩涂滑翔、沙滩烧烤、野营露宿、海上垂钓等休闲娱乐项目。
石浦中国渔村景区	AAAA	以“渔文化民俗游”及“海滨海洋休闲度假”为主题的大型休闲滨海旅游胜地，由中国渔村主题公园、渔文化民俗街、宋皇城沙滩、旅居结合的欧美风情小镇等组成。
石浦渔港古城	AAAA	古城旧巷沿山而筑，依山临海，完整保留了碗行街、福建街、中街、后街等四条石浦老街；有宏章绸庄、源生钱庄、栽兴烟庄、亚洲飞人馆和耕海牧渔馆等景点。
象山影视城	AAAA	总占地面积 1176 亩，是中国首个实景电影主题乐园；有神雕侠侣城、春秋战国城、民国城、西游记乐园等景点。

表 5-8　象山县海岛沙滩分布简况

海岛名称	沙滩分布
太平岗岛	连岛沙坝
旦门山岛	旦门沙滩
檀头山岛	连岛沙坝
	六股头村外沙滩
南山岛	大沙村沙滩
高塘岛	炮台山沙滩
	舢板塘沙滩

表 5-9　象山县可开发利用无人岛简况

岛屿名称	用途
大羊屿	旅游娱乐用岛
牛栏基岛	旅游娱乐用岛

2016 年，象山县共接待游客 1962 万人次，同比增长 10. 10%，旅游经济收入 186. 8 亿元，同比增长 14. 74%。

八、宁海县

宁海县位于长江三角洲南翼，依山傍海，溪流纵横，有着山区半山区和浅海滩涂的丰富地形。总面积 1843 km^2，其中陆地面积 1605 km^2，海域面积 275 km^2。海岸线总长 176. 56 km，其中陆上海岸线 136. 40 km，海岛海岸线 40. 16 km。

宁海的海洋海岛旅游以宁海湾旅游度假区为龙头。着力开发滨海运动度假项目，大力推进大佳和游艇基地项目、三门湾湿地公园和宁海胡陈港旅游度假区的开发建设。强蛟、横山岛景区、伍山石窟景区为目前宁海主要的海洋海岛旅游产品。“十三五”期间，宁海县将加快宁海湾游艇俱乐部和三门湾片区海洋海岛旅游板块的建设。

宁海目前有滨海景区 1 个(见表 5-10)，可开发利用无人岛 1 个(见表 5-11)。

表 5-10　宁海县滨海景区简况

景区名称	等级	景区简介
宁波伍山石窟景区	AAAA	总面积 3.17 km^2，现存有 14 个石窟群，800 多个洞窟，已列入第二批国家矿山公园资格名单；主要景点包括长亭怀古、半壁江山、剑门雄风、石泄龙吟、重门秀水等。

表 5-11　宁海县可开发利用无人岛简况

岛屿名称	用　　途
马岛	公共服务用岛

2016 年，宁海县共接待游客 1188.2 万人次，比上年增长 11.70%，其中国内游客 1180.4 万人次，入境旅游人数 7.8 万人次。旅游总收入 131.1 亿元，比上年增长 11.76%。

第二节　温　州　市

一、概况

温州市海域面积 $1.1\times10^4km^2$，全市河口水域面积 1018 km^2。海岸线全长 1059.1 km，其中大陆岸线 394.96 km，岛屿岸线 664.14 km。江口港湾众多，沿海岛屿星罗棋布，有沿海岛礁 437 个，其中岛屿 239 个，有旅游开发价值的岛屿与大陆滨海区 42 个，主要有洞头百岛、平阳南麂列岛和西湾、苍南渔寮大沙滩和炎亭、瑞安的大北列岛和铜盘岛等。2006 年以来，国家旅游局把温州列入海峡西岸旅游区重要城市，温州成为对台旅游前沿城市。2008 年 9 月，温州市旅游局与其他海西 22 个城市的旅游管理部门共同签署了海峡西岸旅游合作协议《海峡西岸旅游合作厦门宣言》，以共同打造海峡西岸精品旅游线路。

“十三五”期间，温州市将实施旅游“点—轴”发展战略，促进旅游带状发展，形成温州市海洋旅游产业带、雁楠飞旅游产业带、环飞云湖旅游产业带。海洋旅游将重点打造“一带一廊一链三核”组成的海洋旅游产业带，即温州滨海旅游休闲带、瓯江旅游休闲廊道、旅游休闲生态岛链及浙南海洋旅游产业核、西门岛海洋旅游产业核、洞头岛海洋旅游产业核。努力把雁荡山—乐清湾、洞头—南麂—苍南打造成为旅游收入超百亿元的特色滨海旅游区。大力发展滨海海岛自驾车旅游产业，构建滨海自驾车旅游营地、房车营地、露宿营地等。

目前，温州拥有国家A级旅游景区41个，其中5A级旅游景区1个，4A级旅游景区13个；星级饭店56家，其中五星级6家；旅行社239家，其中三星级以上27家。2016年，温州市共接待游客8944.9万人次，实现旅游总收入959.9亿元，分别比上年增长16.5%和19.4%。其中接待国内游客8823.9万人次，增长16.5%，国内旅游收入919.8亿元，增长19.4%；接待入境游客121万人次，增长14.4%，国际旅游收入6.0亿美元，增长9.9%（见表5-12）。

表5-12　2016年温州滨海县(市、区)旅游业发展情况

滨海地区	滨海景区数量/个	旅游人数/万人次	增幅/%	旅游收入/亿元	增幅/%
乐清	0	1352.68	12.20	137.56	15.30
洞头	1	541.14	20.70	24.54	20.80
龙湾	1	322.98	20.70	31.86	34.30
瑞安	0	909.16	27.16	100.00	23.20
平阳	1	1050.35	15.17	82.14	11.80
苍南	1	817.00	27.65	70.00	15.47

二、乐清市

乐清市位于浙江省东南沿海，东临天然港湾——乐清湾，南以瓯江为界，全市陆地面积 1174 km^2，海域面积 470 km^2。海岸线全长 154. 83 km，其中大陆岸线 129. 6 km，岛屿岸线 25. 23 km。核心滨海资源包括雁荡山国家 5A 级旅游景区、乐清湾的西门岛和乐清港等。

2012 年，乐清市政府批复《浙江海洋经济发展示范区规划乐清市实施方案》，搭建了国家级经济技术开发区、乐清湾港区综合保税区、省级产业集聚区、乐清海峡两岸经济合作试验区等海洋经济发展平台，明确了乐清在海洋经济发展的战略定位、发展目标、空间格局以及重点产业培育等方面的思路。“十三五”期间，乐清市海洋海岛旅游将围绕“一湾五区”来发展，“一湾”即乐清湾，“五区”即雁荡山山海旅游区、乐清湾港区、乐清滨海新区、乐清经济开发区、柳市新区。同时，加快西门岛等旅游岛主题开发，重点打造 2 个邮轮游艇基地，力争将乐清市建设成东南沿海知名的滨海旅游胜地。

乐清市现有国家 A 级旅游景区 7 个，其中 5A 级景区 1 个，4A 级景区 1 个；星级酒店 5 家，其中五星级 2 家，四星级 1 家；星级农家乐 114 家，其中五星级 1 家，四星级 4 家；旅行社 30 家。可开发利用无人岛 1 个，如表 5-13 所示。

表 5-13　乐清市可开发利用无人岛简况

岛屿名称	用　　途
大乌岛	旅游娱乐用岛

2016年，乐清市接待游客总人数1352.68万人次，比上年增长12.2%；实现旅游收入137.56亿元，增长15.3%。

三、洞头区

洞头区为海岛建制区，由168个岛屿和259座岛礁组成，总面积2777.3 km²，其中海域面积2652 km²，陆域面积125.3 km²，岛屿岸线长341.33 km。洞头是全国唯一一个覆盖整个县域范围的国家4A级旅游景区，也是温州市唯一一个以县名冠名的省级重点风景区，有石奇、滩佳、礁美、洞幽之特色，“海外桃源别有天”之意境。洞头渔场是仅次于舟山渔场的浙江省第二大渔场，面积4800 km²。洞头港是国家一级渔港，东沙港是国务院批准的活海鲜锚地，鹿西港是东南海上最大的水产品市场。

早在2002年，洞头就召开了海洋旅游开发建设动员大会，坚持以海洋文化为主线，旅游推介、经贸活动为主体，将旅游与文化、旅游与军事、旅游与渔业的结合，开发具有洞头海岛海洋特色的旅游项目，重点打响“海霞”军事主题公园和半屏山“神州海上第一屏”品牌，推出了海滨度假、孤岛生存、海洋观光、海上运动等精品旅游线路。近年来，洞头县先后投资近亿元，建成了旅游大厦、大沙岙旅游度假区、马岙潭旅游度假区，精心策划包装了东郊山顶“望海楼”、半屏山旅游度假中心、三盘“渔家乐园”、花岗“渔家村落”等一批特色海洋海岛旅游项目，成功举办了六届“渔家乐”民俗风情旅游节、四届中国(洞头)国际矶钓节。

“十三五”期间，洞头区围绕建设“长三角新兴的海洋休闲旅游目的地”的目标，精心谋划“百岛洞头·海上花园”主题活动，重点塑造“海洋休闲”和“时尚运动”两大特色旅游品牌，着重推进洞头蓝色度假小镇、东沙港休闲度假综合体、大瞿海洋养生岛、大竹峙蜜月岛、海西湖欢乐海岸主题乐园等海洋海岛旅游项目。

洞头目前有滨海景区 1 个(见表 5-14)，著名海岛沙滩 3 个(见表 5-15)，可开发利用无人岛 2 个(见表 5-16)。

表 5-14　洞头区滨海景区简况

景区名称	等级	景区简介
洞头景区	AAAA	有“岛奇、礁美、滩佳、鱼鲜、生态优”特色，融海上游览、海上运动、海上体验、海洋文化、渔乡风情于一体，与雁荡山、楠溪江构成温州“山—江—海”旅游金三角；共有七大景区，四百多个景点，著名景点有炮台山、大瞿岛、大沙岙等。

表 5-15　洞头区海岛沙滩分布简况

海岛名称	沙滩分布
大门岛	观音岙沙滩
洞头岛	大沙岙沙滩
大瞿岛	大瞿沙滩

表 5-16　洞头区可开发利用无人岛简况

岛屿名称	用　　途
大竹峙岛	旅游娱乐用岛
小瞿岛	旅游娱乐用岛

2016年，洞头区共接待游客541.14万人次，比上年增长20.7%，实现旅游总收入24.54亿元，比上年增长20.8%。

四、龙湾区

龙湾区东朝东海、南接瑞安、西邻鹿城、北濒瓯江，陆地面积227.7 km^2。海岸线全长97.07 km，其中大陆岸线68 km，岛屿岸线29.07 km。龙湾旅游交通便利，区位条件较好，是温州龙湾国际机场所在地，拥有国家A级旅游景区3个，但缺少高等级的4A和5A旅游景区。

龙湾区的海岸线相对较长，大陆岸线以海涂为主，以海堤相隔，是龙湾区金海岸休闲旅游的主要承接地；岛屿岸线主要位于瓯江口的泥质沙岛——灵昆岛，岛内有不少传统渔村。适合开展多种类型的体验活动，如海堤骑行、近海观潮、海产捕捞、渔民体验、渔村民宿、海鲜美食等。永昌堡是国家重点文物保护单位，也是龙湾区最具特色的旅游资源，它是“十三五”期间该区重点打造的旅游产品。

龙湾目前有滨海景区1个(见表5-17)。

表5-17　龙湾区滨海景区简况

景区名称	等级	景区简介
温州永昌堡	AAA	抗倭历史遗迹，全国重点文物保护单位，浙江省国防教育基地，浙江省爱国主义教育基地；是兼具军事和人居生活色彩的私家抗倭城堡、具有丰厚人文内涵的文化中心。

2016年，龙湾区接待游客322.98万人次，比上年增长20.7%，其中国内旅游者319.56万人次，比上年增长19.5%；境外入境旅游者3.41万人次，比上年增长17.1%。旅游总收入31.86亿元，比上年增长34.3%，其中国内旅游收入30.8亿元，比上年增长20.7%；国际旅游收入1539.52万美元，比上年增长14.3%。

五、瑞安市

瑞安市位于温州沿海的中段，陆域面积1349 km^2，海域面积3037 km^2。海岸线全长132.29 km，其中大陆岸线20.36 km，岛屿岸线111.93 km。瑞安市拥有6个国家A级旅游景区，其中4A级景区1个。“十三五”期间，瑞安市将做好旅游资源整合文章，推动旅游业与瑞安特有的文化资源、美丽乡村、古村落古民居等有机融合，积极构建寨寮溪山水度假旅游发展集群、湖岭乡村休闲集群、桐溪生态湖泊休闲集群、玉海书香文化休闲发展集群、圣井山宗教养生集群、山皇古寨城郊度假以及工农业观光集群、铜盘岛海岛休闲度假集群等旅游板块。

铜盘岛和北麂列岛是瑞安海洋海岛旅游的主要产品，2008年铜盘岛、长大山、荔枝山等9个大小岛屿及附近海域被划定为铜盘岛海洋特别保护区，共计22.08 km^2，海岸线长15.86 km。目前已成为以碧海玉岛、幽洞奇岩、金沙渔火、古代珍迹为特色，集观光游览、休闲度假、海洋娱乐、渔家体验于一体的温州市市级岛屿型风景名胜区。北麂列岛位于瑞安市唯一的海岛乡——北麂乡，以其独特性成为瑞安市的海上明珠，目前已达成海洋旅游项目开发投资意向，未来开发将以顶级度假酒店和石头民宿为亮点。

瑞安有4个可开发利用无人岛(见表5-18)。

表 5-18　瑞安市可开发利用无人岛简况

岛屿名称	用途
内长屿	渔业用岛
外长屿	渔业用岛
小门南礁	渔业用岛
外长南屿	渔业用岛

2016 年，瑞安市共接待游客 909. 16 万人次，同比增长 18. 69%，其中接待国内游客量 895. 79 万人次，同比增长 18. 75%；接待入境游客量 13. 37 万人次，同比增长 26. 01%。实现旅游总收入 100. 47 亿元，同比增长 23. 77%，其中国际旅游收入 3717. 75 万美元，同比增长 15. 71 %。

六、平阳县

平阳县位于浙江东南沿海，陆域面积 1051 km^2，海域面积 $3.7\times10^4km^2$。海岸线总长 102. 14 km，其中大陆岸线 22 km，岛屿岸线 80. 14 km。平阳县拥有 3 个国家 A 级旅游景区，其中 4A 级景区 2 个。平阳县正加快推进以“一山一岛一园”为重点的旅游项目建设，“一山”即南雁荡山创 5A 工程，“一岛”即南麂列岛，“一园”即星际科幻谷文化园，计划五年完成旅游投资超 50 亿元，力争“十三五”末打造成中国国际滨海时尚特色旅游目的地。

平阳县以南麂列岛、西湾景区为核心，打造以海洋、海岛为特色的蓝色旅游，依托鳌江至南麂列岛的水上交通线，积极开发海岛观光、海岛度假、海滨休闲、科普科研、滨海海鲜美食等业态。南麂列岛是我国首批五个国家级海洋类型自然保护区之一，也是联合国教科文组织世界生物圈套保护区网络的海洋类型自然保护区，2016年初，南麂基金岛入选温州市首批市级特色小镇，是省内首家选址海岛的基金特色小镇，目前已有超过200家私募基金和管理机构入驻基金岛，这为南麂岛发展高端度假旅游打下坚实的基础。西湾是一个以海蚀海岸、溪水溪瀑等自然风光和渔村风情、古戏台、明代烽火台等人文景观为特色的景区，目前正加紧推进西湾省级度假区的建设。2017年启动的星际科幻谷文化园项目坐落在平阳县滨海新区，以文化创意为核心旅游主题，集太空科幻主题、VR和AR先进技术、休闲旅游于一体的现代化大型文化创意旅游项目，这是迄今平阳最大的旅游招商项目，预计2018年建成开园。

平阳目前有滨海景区1个(见表5-19)，著名海岛沙滩1个(见表5-20)。

表5-19　平阳县滨海景区简况

景区名称	等级	景区简介
南麂列岛景区	AAAA	集科研考察、旅游观光、避暑度假、渔家乐为一体的海上乐园；以金沙碧海、奇峰异石、天然壁画、海岛平原、大擂水仙最为著名。

表5-20　平阳县海岛沙滩分布简况

海岛名称	沙滩分布
南麂岛	南麂沙滩

2016年，平阳县共接待游客1050.35亿人次，其中国内旅游人数1046.2万人次，比上年增长15.1%；入境旅客人数4.15万人次，比上年增长35.2%。实现旅游总收入82.14亿元，比上年增长11.8%，其中国内旅游收入81.46亿元，比上年增长11.6%；国际旅游收入1098.15万美元，比上年增长32.4%。

七、苍南县

苍南县位于浙江省的沿海最南端、濒临东海，与宝岛台湾遥遥相望。总面积1261.08 km^2，海域面积$3.72\times10^4 km^2$。海岸线总长231.44 km，其中大陆岸线155 km，岛屿岸线76.44 km。苍南县拥有6个国家A级旅游景区，其中2个已列入创建4A级旅游景区的预备名单。

苍南县从1999年开始实施“海上苍南”战略，明确提出开发海洋渔业、海洋海岛旅游、海洋化工三大产业链，把海洋海岛旅游业培育为苍南旅游的核心品牌。2012年以来，苍南滨海旅游道、雾城旅游综合体等项目得以开发建设，苍南每年在炎亭和渔寮两景区举办端午观海节，还有渔寮沙滩音乐节、巴槽开渔节、蒲壮所城“拔五更”民俗文化节等节事活动，并开展帆板、滑翔等体育活动。“十三五”期间，苍南将重点打造苍南滨海黄金海岸旅游带、苍南滨海渔港小镇等旅游项目。

苍南目前有滨海景区1个(见表5-21)，可开发利用无人岛2个(见表5-22)。

2016年，苍南县共接待游客816.99万人次，比上年增长27.65%，其中国内旅游人数810.59万人次，增长27.61%；海外旅游人数6.4万人次，增长32.51%。实现旅游总收入69.85亿元，比上年增长 15. 23%，其中国内旅游收入 68. 21 亿元，增长 14. 97%；国际旅游收入 2464. 5 万美元，增长 28. 16%。

表 5-21　苍南县滨海景区简况

景区名称	等级	景区简介
渔寮风景区	AAAA	以黄金沙滩为主，集山光水色，融自然人文景观于一体；景区主要包括渔寮沙滩、雾城岙沙滩两部分，有景点 20 余个。

表 5-22　苍南县可开发利用无人岛简况

岛屿名称	用途
前屿山屿	旅游娱乐用岛
顶草峙岛	仓储用岛

第三节 嘉 兴 市

一、概况

嘉兴地处中国东南沿海，长江三角洲的中心，东接上海，北邻苏州，西连杭州，南濒杭州湾，陆域面积 3915 km^2，海域面积 1559 km^2，拥有 29 个海岛，自然岸线长 137.06 km。嘉兴有“鱼米之乡，丝绸之府”的美誉，境内土壤肥沃，生物种类繁多，是典型的亚热带季风气候，十分适宜居住及休闲度假。从旅游资源结构来看，嘉兴历史文化积淀深厚，是马家浜文化的发祥地；嘉兴拥有独特的人文景观资源，例如南湖革命纪念馆、南湖画舫、沈钧儒纪念馆、揽秀园等文化遗存；湖泊、池塘、小型风景河段、运河、滨海等资源品位高，质量优，水文景观突出；作为省级历史文化名城和全国优秀旅游城市，嘉兴有钱江潮、桐乡乌镇等世界级旅游资源。

嘉兴的滨海旅游资源主要分布在平湖、海盐、海宁的滨海岸线区域，呈带状分布，共有 8 个主类、479 个旅游资源单体。自然旅游资源和人文旅游资源均拥有较多的单体、较高的储量，种类比较丰富，尤其是三级以上的旅游资源有 127 个，占资源总数的 26.5%。2011 年，嘉兴市编制了《浙江省嘉兴市“十二五”旅游产业发展规划》，把滨海旅游纳入嘉兴市“十二五”期间重点发展旅游区块，对海宁百里钱江观潮旅游文化长廊区、海盐南北湖休闲旅游度假区、平湖九龙山滨海旅游区三大滨海旅游区块进行了定位。通过打通平湖、海盐、海宁沿杭州湾区域界线，整合沿杭州湾的滨海旅游资源，开发都市休闲、滨海度假项目，着重打造临沪杭州湾滨海休闲度假带。开发建设了一批滨海旅游重点项目，如九龙山滨海旅游度假区的海洋花园、海洋世界、九龙山温泉会馆、海洋世界、威斯汀酒店、西沙湾景观配套二期等七大重点项目；海宁百里钱塘国际旅游长廊中盐官古城的保护与开发、沿江生态绿带和沿江旅游景观的建设等项目，以及南北湖生态文化旅游综合体、南北湖旅游小镇等。通过项目建设，实现错位开发和特色发展，形成嘉兴滨海旅游发展的整体合力，为进一步加快滨海旅游发展奠定了基础。2014 年编制《嘉兴滨海旅游业发展规划》，以有效整合滨海旅游资源，发挥嘉兴滨海旅游资源优势，打造滨海蓝色特色旅游带。

“十二五”期间，嘉兴市旅游业累计完成投资 353.1 亿元，年均增长 17.9%，比全社会固定资产投资年均增长高出 4.6 个百分点。2016 年全市共接待海内外游客 7893.81 万人次，实现旅游总收入 850.86 亿元，比 2015 年分别增长 23.68% 和 25.45%。引资总额 153.96 亿元，共实施旅游开发项目 82 个，14 个项目列入省、市重点，山水六旗国际度假区入选全国优选旅游项目名录，全市旅游项目实际完成投资 77.19 亿元。

目前，嘉兴共有 64 家 A 级旅游景区，其中 5A 级景区 3 家，分别为乌镇、南湖旅游区、西塘古镇旅游景区；4A 级景区 9 家，3A 级景区 15 家，省级旅游度假区 5 家；星级饭店 54 家，其中五星级 7 家、四星级饭店 11 家、三星级饭店 36 家；旅行社 151 家，其中三星级以上 42 家；四星级以上旅游购物商场 4 家。

“十三五”期间，嘉兴将以滨海旅游资源为依托，以建设嘉兴滨海港产城统筹发展试验区为契机，全面整合平湖、海盐、海宁三县(市)的滨海旅游资源，进一步挖掘滨海古城、古镇、古海塘等文化，突出九龙山旅游度假区“滨海度假”功能、南北湖旅游休闲区“山湖海休闲”功能、浙江山水六旗国际旅游度假区“主题游乐”功能、百里钱塘观潮旅游区“观潮游乐”功能，串珠成线，推进钱塘江北岸风景旅游绿道建设。在平湖、海盐、海宁、滨海新区的沿杭州湾区域，打造杭州湾北岸滨海旅游带；在包括九龙山旅游度假区、乍浦古镇以及周边区域，打造集山、海、岛屿、沙滩、古镇等于一体的平湖滨海运动休闲发展极；在南北湖旅游区、海盐城区以及周边的乡村区域，打造以主题游乐、山水休闲为核心，集滨海观光、乡村体验、科技探索、康体养生、商务会议等一体海盐湖山休闲旅游发展极，以吹响杭州湾嘉兴滨海旅游的“海、湖、潮”三重奏(见表5-23)。

表5-23　2016年嘉兴滨海县(市、区)旅游业发展情况

滨海地区	滨海景区数量/个	旅游人数/万人次	增幅/%	旅游收入/亿元	增幅/%
平湖	1	760.93	13.78	79.38	16.26
海盐	0	713.00	20.30	64.38	21.30
海宁	1	1784.70	13.00	200.37	18.10

二、平湖市

平湖市位于东海之滨，地处浙江省东北部杭嘉湖平原腹地，北接上海市，南濒杭州湾，是历史文化底蕴深厚的江南水乡。全市陆地面积 537 km^2，海域面积 1086 km^2，海岸线总长 33.05 km，其中陆上海岸线 27 km，海岛海岸线 6.05 km。

平湖境内的九龙山省级旅游度假区是浙江北部极具特色的滨海度假旅游资源地，是嘉兴滨海旅游的第一重奏，重点突出“海”文化，有滨海运动、水上娱乐、游艇会展、古城旅游、渔村体验等项目。九龙山省级旅游度假区集山、海、岛屿、沙滩等多种旅游资源于一体，并将欧洲文化元素与九龙山特有的山、海、滩景有机结合。近年来，开发建设将军高尔夫、游艇俱乐部、马球俱乐部、度假公寓、威斯汀酒店、岛山佛教文化等一批高端度假旅游产品，着力打造具有“高端”和“大众”双重功能的海滨度假城。

平湖目前有滨海景区 1 个(见表 5-24)。

表 5-24　平湖市滨海景区简况

景区名称	等级	景区简介
九龙山国家森林公园	AAA	总面积为 437km^2，森林覆盖率达到 84%以上，集山、海、岛、滩、田园诗情于一体，主要景点有雅山景区、南湾景区、陈山景区、独山景区、中普陀景区、度假区和野营区。

2016 年，平湖市接待游客 760.93 万人次，实现旅游总收入 79.38 亿元，同比分别增长 13.78%和 16.26%。

三、海盐县

海盐县地处杭州湾北侧，北距上海 118 km，南离杭州 98 km，全县陆地总面积534.73 km^2，海域面积537.90 km^2，岛礁0.48 km^2，海岸线总长63.23 km，其中陆上海岸线53.48 km，海岛海岸线9.75 km。

嘉兴市滨海旅游的第二重奏为湖海休闲，即以海盐南北湖风景区为核心，通过打造大桥生态湿地公园、澉浦古城和黄沙坞休闲小镇，重点突出“湖”文化，形成南北湖景区、澉浦古城、黄沙坞休闲小镇、核电主题公园、湿地公园、渔人码头、“五味村”等相融合的“湖海休闲”合奏曲。滨海旅游是海盐旅游业发展的新特色和新方向。《海盐县旅游业发展三年行动计划(2015—2017)》明确指出要坚持南北湖作为海盐旅游的龙头地位，加快景区旅游项目的策划和建设。同时，在武原文化旅游区开发滨海餐饮、宾馆、健身运动、休闲养生、文化创意等综合旅游项目，打造滨海休闲城。以“骑车去游玩”为主题，先行建设贯通五味村的骑游绿道，把五味村、南北湖等海盐热门景区串联起来，逐步形成一条杭州湾北岸独特的滨海风情骑游线。

“十三五”期间，海盐县将围绕“打造现代化滨海宜居城市”的目标，整合滨海沿线旅游资源，串联南北湖风景区、秦山核电、滨海新城、山水六旗、跨海大桥等旅游景点，建设15 km自行车绿道线路、渔人码头等项目，依托自身旅游资源的特色和优势，开发建设旅游新业态、新产品，以适应多层次游客需求。

2016年，海盐县接待游客713万人次，比上年增长20.3%。其中国内游客710万人次，增长20.0%；境外入境人数30078人次，比上年增长196.2%。全年旅游总收入64.38亿元，比上年增长21.3%。其中，国内旅游收入63.44亿元，比上年增长20.1%；旅游外汇收入1428万美元，比上年增长195.8%。

四、海宁市

海宁市位于浙江省东北部，钱塘江北岸，东距上海 125 km，西与杭州余杭区接壤。市域地处长江三角洲杭嘉湖平原，陆地面积 699.92 km^2，海岸线总长 40.78 km，其中陆上海岸线 40.52 km，海岛海岸线 0.26 km。“海宁潮”是世界著名的自然景观。

嘉兴市滨海旅游的第三重奏是观潮游乐，就是以海宁百里钱塘观潮旅游文化长廊为纽带，配合尖山生态旅游开发，重点突出“潮”文化，形成融钱江观潮、生态旅游、古城休闲、文化体验、健身娱乐为一体的“观潮游乐”欢乐颂。“十二五”期间，海宁充分依托“潮”“古城”“武侠文化”等独特的自然资源和人文资源优势，深化“观潮胜地、皮革之都”的旅游形象定位，大力推进百里钱塘观潮旅游文化长廊的开发建设，加快了盐官古城的改造开发，推动“中国武侠文化城”等项目建设，丰富观潮景区旅游产品，形成“一廊三区”的旅游总体发展格局。“一廊”即百里钱塘观潮旅游文化长廊，主要围绕世界奇观——“钱江潮”，以盐官观潮景区为核心，以源头潮、碰头潮、一线潮、回头潮等观潮景区为节点，串联沿途各类风景人文旅游资源，组成观潮旅游及文化休闲长廊，构筑以观潮旅游、运动养生、文化休闲、生态宜居为一体的长廊式景区。“三区”即中心城市休闲购物旅游区、盐官观潮胜地旅游区、尖山生态旅游休闲度假区，其中的“尖山生态旅游休闲度假区”，三面环水，旅游资源丰富，依托源头潮、尖山、高尔夫球场以及周边湖泊发展体育休闲、水上娱乐、旅游度假等项目。

海宁目前有滨海景区 1 个(见表 5-25)。

表 5-25　海宁市滨海景区简况

景区名称	等级	景区简介
盐官观潮景区	AAAA	著名的观潮胜地，集自然奇观与人文盛景，以海宁潮胜景和盐官古镇风情取胜。

2016 年，海宁市共接待游客 1798. 50 万人次，其中国内游客 1784. 70 万人次，比上年增长 13. 0%；接待入境旅游者 13. 80 万人次，增长 17. 1%。旅游总收入达到 200. 37 亿元，增长 18. 1%，其中旅游外汇收入 4015 万美元，增长 14. 4%。

第四节　台　州　市

一、概况

台州市处于中国黄金海岸带的中部，是海洋大市，市属9个县(市)中有6个濒临东海，玉环为海岛县。所辖大陆架海域达$8\times10^4km^2$，是其陆地面积的8倍多。海岸线总长1340.69 km，其中大陆海岸线639.25 km，岛屿岸线701.44 km，海岸线漫长，港湾众多。近海岛屿695个，拥有台州湾、三门湾、乐清湾三大海域资源，海洋海岛旅游资源丰富。

台州市旅游局自1997年成立以来，旅游资源开发步伐逐步加快，政府、集体、个人共同投资，拓宽了旅游资源开发的投资渠道。相继开发和完善了国清寺、石梁景区、江南长城、桃渚景区、长屿硐天、千年曙光园、永安溪漂流、神仙居景区、吴子熊玻璃艺术馆、海门老街、富山大裂谷、十里长街、大鹿岛、蛇蟠岛等旅游景区(点)，建成了台州耀达国际大酒店、台州开元大酒店、鑫都国际大酒店、临海国际大酒店等旅游接待设施。2008年，台州市正式提出了建设“海上台州”的发展战略，在海洋海岛旅游开发方面做出了有益的尝试。

截至2016年底，台州市拥有国家A级旅游景区59家，其中5A级旅游景区2家，4A级旅游景区9家，3A级旅游景区34家。拥有星级饭店47家，客房7369间，床位12064张。拥有旅行社149家，其中三星级以上52家。

“十三五”期间，台州的旅游发展目标是建设一个特色海洋海岛旅游目的地——玉环县；构建以台州市中心城市为支点，以东部沿海高速为连接，包括温岭、玉环、临海东部、三门海滨形成的东部蓝色滨海旅游带；综合利用海洋渔业设施、沿海滩涂地、海岛海湾、沿海城镇、海洋文化等资源，建设一批以海洋海岛旅游为主题的海岛、休闲度假区、滨海城市和特色产业基地，形成“一带三岛五区”的发展格局，即甬台温通道以东滨海带，大陈岛、一江山岛、大鹿岛，三门蛇蟠岛旅游区、临海桃渚旅游区、台州滨海城市旅游区、温岭东南滨海旅游区、玉环“中国休闲渔都”的滨海旅游新格局。

台州市2016年共接待游客8930.73万人次，比上年增长20.1%，其中接待国内游客8911.49万人次，增长20.1%；实现旅游总收入942.65亿元，比上年增长25.8%，其中国内旅游收入938.35亿元，增长25.9%(见表5-26)。

表5-26　2016年台州滨海县(市、区)旅游业发展情况

滨海地区	滨海景区数量/个	旅游人数/万人次	增幅/%	旅游收入/亿元	增幅/%
三门	5	358.24	12.4	37.74	17.9
椒江	2	1132.05	14.1	119.40	19.5
路桥	1	499.88	12.1	52.68	17.5
温岭	2	1389.94	23.1	139.71	29.5
玉环	6	807.79	24.6	85.17	30.7
临海	1	1691.63	15.9	178.18	21.4

二、三门县

三门县位于台州东北部沿海，西枕天台山，东濒三门湾，北接宁海县，南界临海市，大陆面积 1072 km^2，海域面积 438 km^2，沿海岛屿 122 个。海岸线全长 227 km，其中大陆海岸线 111. 42 km，岛屿海岸线 115. 58 km。

“十二五”期间，三门以蛇蟠岛为中心打造海洋海岛产业文化旅游示范地，举办青蟹文化旅游节，重点发展渔村民俗旅游。“十三五”期间，将重点打造三门蛇蟠岛旅游集聚区成为省级旅游度假区、国家级现代渔业示范区、海洋海岛旅游度假创新示范区，建成游客服务中心、石文化精品景区、洞窟酒店文化度假区、海盗村动感体验区、彩虹塘欢乐天地、渔光曲小镇、印山塘生态公园、海上运动公园、大坑山矿山公园、禅意度假角、山后自驾车营地、渔光山舍精品农家乐、多彩海田、千亩花海、万亩塘、渔农创意产业园、海钓基地、浅海碳汇养殖示范点等景区。

三门目前有滨海景区 5 个(见表 5-27)，著名海岛沙滩 1 个(见表 5-28)。

表 5-27 三门县滨海景区简况

景区名称	等级	景区简介
沈园农庄	AA	由餐饮与农业观光休闲两大块组成，是集餐饮、住宿、垂钓、烧烤、采摘、观光于一体的自然休闲农庄。

（续表）

景区名称	等级	景区简介
木杓沙滩景区	AA	整体呈弯月形，长 300 余米，是天然的海滨浴场。
三门农博园	AAA	建设面积为 2100 亩；包括 1 院(7D 影院)、2 园(奇迹养生园、亚热带多肉植物园)、3 馆(三门湾民俗博物馆、台风体验教育馆、地震体验教育馆)、4 区(迷宫逃生区、荷花池观赏区、垂钓烧烤区、水果采摘区)和 5 基地(素质教育拓展基地、珍禽动物养殖基地、海水养殖基地、农作物种植基地、传统作坊基地)。
三特渔村农家乐园	AAA	为集餐饮、住宿、旅游、休闲、垂钓于一体的农家乐，拥有海上浴场、生态有机参观园等。
蛇蟠岛	AAAA	台州第一大岛，有“千洞岛”的美称；主要景点包括东海枭雄、山海会盟、海洋经略、北欧海盗、玲珑飞度、滴水岩、滑泥乐园等

表 5-28　三门县海岛沙滩分布简况

海岛名称	沙滩分布
冬矶岛	冬矶连岛沙滩

2016 年，三门县共接待国内游客 358.08 万人次，比上年增长 12.6%；旅游收入 37.7 亿元，增长 18%；入境游客 0.16 万人次，累计外汇收入 54.26 万美元。全年旅游总收入 37.74 亿元，增

长 17.9%。

三、椒江区

椒江区位于浙江沿海中部台州湾入口处，曾用名“海门”。全区陆地面积 280 km^2，海域面积 1604 km^2，海岸线总长 160.3 km，其中大陆岸线 51.4 km，海岛岸线 108.9 km。大陈岛、一江山岛、海门老街、台州海洋世界为椒江海洋海岛旅游度假的核心产品。

“十三五”期间，椒江将建设覆盖宁波、温州和绍兴的“大旅游圈”，着力把椒江打造成浙东南旅游目的地和台州旅游集散中心。椒江区的海洋海岛旅游将以台州湾为中心，创建椒江一江山岛滨海(海岛)旅游产业园区；重点建设大陈岛旅游度假区，使之成为集海岛观光、红色旅游、休闲度假、海岛养生、商务邮轮等功能于一体的国家4A 级旅游景区、省级地质公园、全国海洋海岛旅游示范区；海门老街、台州海洋世界将作为展示台州历史文化、海洋文化、海洋科普以及海洋动物表演的窗口。

椒江目前有滨海景区 2 个(见表 5-29)，著名海岛沙滩 1 个(见表 5-30)，可开发利用无人岛 4 个(见表 5-31)。

表 5-29　椒江区滨海景区简况

景区名称	等级	景区简介
海门老街	AAA	全长 225 m、宽约为 6 m 至 8 m 不等，现存建筑多为清末民初所建；不仅是一条重要的商业街，更是地方市民的日常活动场所，民间风俗和宗教活动的展现场所。

（续表）

景区名称	等级	景区简介
台州海洋世界	AAAA	我省最大的海洋馆，国内首创的都市型水族馆；内设热带雨林馆、珊瑚礁生物馆、海底隧道馆、海洋嘉年华、海洋风情馆等海洋生物展示和游乐设施，是以海洋文化为主题的集科普教育、欣赏娱乐、旅游休闲、购物为一体的大型综合旅游地。

表 5-30　椒江区海岛沙滩分布简况

海岛名称	沙滩分布
上大陈岛	帽后沙沙滩

表 5-31　椒江区可开发利用无人岛简况

岛屿名称	用途
西猪腰岛	工业用岛
东猪腰岛	工业用岛
缸爿岛	工业用岛

2016 年，椒江区共接待游客 1132. 05 万人次，比上年增长 14. 1%；实现旅游总收入 119. 40 亿元，比上年增长 19. 5%。其中，接待国内游客 1130. 64 万人次，比上年增长 14. 1%；实现国内旅游收入 119. 05 亿元，比上年增长 19. 6%。

四、路桥区

路桥区东濒东海，南接温岭，西邻黄岩，北连椒江。全区背山面海，河道纵横，水网密布，岛屿星罗棋布。陆地面积 274 km^2，浅海滩涂面积达 21. 33 km^2，海岸线全长 74. 83 km，其中大陆岸线 26 km，海岛岸线 48. 83 km。

黄琅滨海旅游度假区是路桥区唯一的沿海旅游区，由剑门港海滨休闲娱乐区和金荔泉度假村两大功能区组成。剑门港海滨休闲娱乐区为以观潮、海鲜美食、娱乐为主的综合性旅游接待区，主要建设游客服务中心、海鲜美食城、海之韵休闲娱乐中心、剑门港观潮区和沙雕艺术广场等；金荔泉度假村以发展休闲农业为特色，规划对其进行提升，主要建设乡村俱乐部，开发教育农园、市民农园、租赁农园等多种形态，承载农旅结合的农事参与、自然教育和 DIY 创意空间等功能，为本地居民和外来游客提供乡村休闲空间。“十三五”期间，路桥将在黄琅滨海旅游度假区重点打造金清游艇特色小镇，建设海洋主题公园、滨海度假酒店、配套产业园，举办台州游艇赛、中国东海帆船赛等项目或赛事，建设游艇产业园、打造国际游艇城。

路桥目前有滨海景区 1 个(见表 5-32)，可开发利用无人岛 2 个(见表5-33)。

2016 年，路桥区共接待旅游总人数 499. 88 万人次，比上年增长 12. 1%；其中国内游客 499. 38 万人次，比上年增长 12. 1%。实现旅游总收入 52. 68 亿元，增长 17. 5%；其中旅游外汇收入 147. 98 万美元，增长 30. 6%。

表 5-32　路桥区滨海景区简况

景区名称	等级	景区简介
金泉农庄	AAA	台州市区面积最大的生态休闲农庄，国家级农业旅游示范点；集农业示范、亲朋聚会、休闲娱乐、亲子互动为一体；由金荔泉度假村、绿篱迷宫、童趣园、风筝广场、垂钓走廊、烧烤区、认知园、索桥探幽、动物园、江天一览、绿色蔬菜基地等组成。

表 5-33　路桥区可开发利用无人岛简况

岛屿名称	用途
西笼岛	工业用岛
鹁鸪嘴屿	工业用岛

五、温岭市

温岭市三面临海，东濒东海，南连玉环，西邻乐清及乐清湾，北接台州市区，全市陆域面积 926 km^2，海域面积 1079 km^2，大小岛屿 170 个。海岸线全长 319. 61 km，其中大陆岸线 190. 45 km，岛屿岸线 129. 16 km。“十二五”期间，温岭以石塘古镇为中心，打造海洋海岛休闲度假旅游示范地，重点发展海滨度假旅游，包括石塘千年曙光园、四季生态农业园、松门海滨旅游区、长屿硐天—方山及江厦森林公园。

“十三五”期间，温岭将进一步推进长屿硐天国家 5A 级景区创建；依托海、湖、涂、岛等自然资源，汇集碧海湖、礁山湖、曙光湖等湖泊水系，打造以湿地公园、五星级度假酒店、滨水住宅为一体的龙门湖旅游度假区；建设成集旅游、观光、休闲于一体的三蒜岛旅游度假区和曙光渔港及永太滨海休闲基地。

温岭市目前有滨海景区 2 个(见表 5-34)，著名海岛沙滩 1 个(见表 5-35)，可开发利用无人岛 2 个(见表 5-36)。

表 5-34　温岭市滨海景区简况

景区名称	等级	景区简介
千年曙光园	AAA	位于石塘镇元龙岙，占地 $1\times10^4m^2$，主要景点有千年曙光碑、石塘天文馆、船模展示区及后山古堡石屋群；其中，千年曙光碑是纪念祖国大陆新千年第一缕曙光首照地一个标志性建筑。
温岭市四季生态农业园	AAA	占地 5000 亩，是集现代与生态农业示范、科普教育、观光休闲、旅游度假、会议培训于一体的省级综合性、高标准精品农业园；内有现代农业展示馆、海滨浴场、绿色生态餐厅、休闲农家别院、现代养殖基地、商务会所等。

表 5-35　温岭市海岛沙滩分布简况

海岛名称	沙滩分布
南沙镬岛	南沙镬沙滩

表 5-36 温岭市可开发利用无人岛简况

岛屿名称	用　　途
小龟屿	仓储用岛
二蒜岛	旅游娱乐用岛

2016年，温岭市共接待游客1389.94万人次，比上年增长23.1%；其中接待国内游客1389.59万人次，增长23.1%。实现旅游总收入139.71亿元，增长29.5%。

六、玉环市

玉环市位于浙江省东南沿海黄金海岸线中段，面积2279 km^2，其中陆域面积378 km^2，海域面积1901 km^2。海岸线全长331.46 km，其中大陆岸线197.09 km，岛屿岸线134.37 km。“十二五”期间，玉环以滨海国家湿地公园和现代休闲观光农业为中心，打造国际游艇俱乐部和滨海休闲旅游基地，举办海岛文化节，重点发展渔家乐、豪华游艇和海岛休闲旅游。玉环有“中国休闲渔都”旅游区，包括坎门渔村、南排山休闲旅游区，以海洋风光和海岛风情为特色。此外还有白马岙景区、鸡山岛景区、龙溪动漫花谷景区、东沙渔村景区、大鹿岛景区、漩门湾观光农业园等旅游区。

“十三五”期间，玉环市将重点推进中国特色海洋海岛旅游目的地的创建工作：建设包括旅游服务中心、度假酒店、游艇码头、邮轮俱乐部等在内的海山休闲旅游岛；建设包括游艇俱乐部(旅游码头)、环岛绿道、大鹿岛度假村(改造提升)、岩雕创作基地等在内的玉环国家海洋公园；建设以休闲养生为主的江岩岛。

玉环目前有滨海景区 6 个(见表 5-37)，著名海岛沙滩 1 个(见表 5-38)，可开发利用无人岛 2 个(见表 5-39)。

表 5-37　玉环市滨海景区简况

景区名称	等级	景区简介
白马岙景区	AAA	东西北三面环山，南朝大海，黄金沙滩全长 300 m，沙质细腻、柔软、金黄；有海滩踏浪、海鲜品尝、烧烤、农家生活体验等项目。
鸡山岛景区	AAA	体验浙中南渔岛生活，品味渔乡风情。
龙溪动漫花谷景区	AAA	有四季花田、恐龙谷、QQ 农场亲子乐园、百年古树群、老炮台日出观景点、山里文史馆、乡村科普馆、艺术家工作室等项目，是一个融艺术性、科学性、参与性为一体的特色乡村休闲旅游区。
东沙渔村景区	AAA	浙江省第一批历史文化村落保护利用重点村；石屋和渔民墙绘极具特色。
玉环大鹿岛	AAAA	我国唯一的海岛森林公园；以森林为依托，以岩雕文化为灵魂，以海岛自然景观为载体，融三浴(森林浴，日光浴，海水浴)、三景(岩雕景，石刻景，奇石景)为一体，有八仙待渡、五百罗汉、龙潭、仙人罗帐、龙游洞等天然景观 20 余处。
漩门湾观光农业园	AAAA	包括绿色果品生产和果园生态旅游观光区、现代农业技术生产与示范核心区和农产品加工区三大功能区；设有童趣园、水景园、垂钓园、鸟类园等。

表 5-38　玉环市海岛沙滩分布简况

海岛名称	沙滩分布
大鹿山岛	大鹿沙滩

表 5-39　玉环市可开发利用无人岛简况

岛屿名称	用　　途
黄门岛	渔业用岛
南排岛	旅游娱乐用岛

2016 年，玉环市共接待游客 807.79 万人次，比上年增长 24.6%，实现旅游总收入 85.17 亿元，比上年增长 30.7%。

七、临海市

临海市，南接台州市区，西连仙居县，北与天台县、三门县接壤。陆地总面积 2203 km^2，海域面积 1819 km^2，海岸线全长 227 km，其中大陆岸线 62.89 km，岛屿岸线 164.6 km。全市三面环山，一面靠海。目前，临海市拥有 7 个 A 级景区，1 个省级风景名胜区、1 个省级旅游度假区；拥有 9 家星级酒店，以及众多商务宾馆和乡村民宿，总接待床位近 2 万张；旅行社及门市 26 家。

“十三五”期间，临海市主攻 5A 创建，打造临海旅游的“太阳”，即以台州府城国家 5A 级景区创建为总抓手，增强台州府城文化旅游区的核心带动作用，最终形成特色餐饮、特色酒吧、特色购物、特色住宿和特色展示，打造集旅游、购物、休闲度假于一体的台州府城旅游产业集聚区，争取早日创建成功国家5A级旅游景区。以5A标准启动桃渚军事古城景区4A创建，打造临海旅游的“月亮”，即推进桃渚古城保护项目，包括步行道铺装、供电线路改造、消防设施、给排水管线、安防设施、环境整治、垃圾处理设施、污水处理等方面，目前已取得国家4A级旅游景区的入场券。统筹推进全域旅游发展，做亮临海旅游的“星星”。依托全市境内各具特色的自然生态资源、中心镇、特色村、海洋海岛等旅游资源集聚区，以品质化、特色化、主题化发展为要求，培育支撑全域化旅游的多极旅游目的地。

临海目前有滨海景区1个(见表5-40)，可开发利用无人岛2个(见表5-41)。

表5-40　临海市滨海景区简况

景区名称	等级	景区简介
桃渚龙湾海滨	AAA	占地约15 km^2，三面青山叠翠，有300多亩海滨浴场、52万亩滩涂。主要景点有天门峰、流纹岩、海神洞(龙女洞)、仙字岩、蛤蟆门、龙王洞、如意洞、鳄鱼石、玲珑石、球泡岩等。

表5-41　临海市可开发利用无人岛简况

岛屿名称	用　途
双鼓一礁	工业用岛
双鼓二礁	工业用岛

2016年，临海市共接待游客1692.43万人次，比上年增长15.9%，其中国内游客1691.63万人次，比上年增长15.9%，接待入境游客8043人次，增长16.8%。全年实现旅游总收入178.18亿元，比上年增长21.4%，其中国内旅游收入178.04亿元，增长21.5%，国际旅游(外汇)收入207.66万美元，增长6.0%。

第五节　舟　山　市

一、概况

舟山市位于浙江省东北部海域，是我国最大的岛屿、最大的渔场所在地，也是我国唯一的群岛型地级市，其背靠上海、杭州、宁波三大城市群，区位优势明显，海洋文化、岛礁资源丰富。全市陆域面积 1371 km^2，海域面积 22000 km^2，拥有 1383 个海岛，海岛岸线总长 2388.34 km。《舟山市旅游资源普查报告》显示，舟山群岛旅游资源共有 8 个主类、26 个亚类和 100 个基本类型，旅游资源单体 858 个，其中 219 个为优良级旅游资源单体。舟山是典型的海洋性季风气候，冬暖夏凉，气候宜人。优越的地理位置、丰富的旅游资源、舒适的气候，是舟山发展海洋休闲旅游无可取代的优势。

2011 年，国务院批复设立浙江舟山群岛新区，国家旅游局确定舟山为全国旅游综合改革试点城市和海洋旅游综合改革试验区，舟山成为我国首个以海洋经济为主题的国家级新区，舟山群岛的开发与建设上升为国家战略。作为“长江经济带”的点睛之笔和“一带一路”的重要据点，舟山新区明确了“四岛一城一中心”的建设思路，并按照“全域旅游”的要求，实施海岛休闲度假和佛教文化体验两轮驱动，扎实推进旅游业转型升级，加快建成旅游经济强市，全力打造“国际著名的海岛休闲旅游目的地和世界一流的佛教文化旅游胜地”。舟山市坚持政府引导和改革创新，出台《加快海岛休闲旅游目的地建设的实施意见》，建立与大旅游产业发展相适应的“全要素”旅游管理模式，组建舟山群岛海洋旅游综合改革试验区管理委员会和舟山市旅游委员会，成为全省第二个实现风景资源与旅游管理一体化的城市。舟山已成功举办两届国际海岛大会，开创了世界海洋海岛旅游合作发展的新模式，促进了舟山与25个国家、地区的全方位合作，提升了舟山海洋海岛旅游的品牌影响力和国际知名度。舟山现已布局以普陀山、朱家尖为龙头的佛教文化旅游核心区，以嵊泗列岛、岱山岛为主的生态休闲圈，以朱家尖禅意小镇、沈家门渔港小镇、定海远洋渔业小镇为重点的特色小镇，并按照“一岛一主题”理念，打造桃花、白沙、登步、东极、秀山、泗礁、嵊山、枸杞、花鸟、东岠、摘箬山等主题旅游岛屿，以全域旅游的思路，构筑多节点的海岛城市休闲旅游轴线。

舟山海洋海岛旅游的快速发展很大程度得益于交通、水电等基础设施的日趋完善，海陆空立体交通网的基本形成。2009年12月，舟山跨海大桥正式通车，海上蓝色公路与宁波绕城高速公路和杭州湾大桥相连接，四通八达。截至2014年11月，舟山机场共通航11个城市、拥有12条直航运输航线，包括北京、上海、厦门、青岛、广州等大中城市在内的重点航线。2015年11月，舟山市客运中心(盐仓站)开通了直达宁波、杭州、上海的旅游新干线，并把时间分别缩短在1 h、4 h和6 h内。宁波直达普陀山、上海芦潮港直达嵊泗、白峰至鸭蛋山滚装车客渡轮昼夜开班，舟沪线定海西码头至上海金山滚装航线运营正常。“义甬舟”大通道的建设，更将推进舟山与宁波、义乌、上海的互联互通，带动相关产业和区域经济的发展。

目前，舟山拥有省级及以上旅游经济强县(区)1个(普陀区)；国家级旅游风景区2个(普陀山、嵊泗列岛)，省级旅游风景区2个(岱山岛、桃花岛)；建成A级景区15家，其中5A级景区1家(普陀山)，4A级景区3家；省级旅游度假区2家；星级旅游饭店32家，五星级1家，四星级3家；旅行社153家，其中品质旅行社18家，4家进入全省百强旅行社；海岛民宿618家。喜来登、威斯汀、希尔顿、华侨豪生、温德姆、铂尔曼等一批国际品牌酒店相继落户舟山；“东海人家”民宿发展迅速；慈航广场等7个旅游集散中心投入使用，浙江海中洲集团、浙江自在旅业集团等旅游企业规模在不断壮大。

2016年，舟山全市共接待国内外游客4610.61万人次，比上年增长18.9%；其中，接待国际游客33.92万人次，增长5.2%。舟山海洋海岛旅游的国内一级客源市场是沪、浙、苏、闽，二级客源市场是鲁、皖、粤。国际游客来自日本、韩国、马来西亚、菲律宾、新加坡、泰国、美国、加拿大、英国、法国、德国、俄罗斯、澳大利亚等地，其中，日本游客比例最高。

“十三五”期间，舟山将加大投入，优先发展海岛度假、海洋休闲、海上运动、康体养生、主题创意、户外旅游等一批特色旅游产品项目，打造多层级的旅游目的地；促进旅游企业壮大，加速引进全国20强、境内外知名旅游集团、饭店管理集团，扶持特色企业及老字号企业；深化旅游产业融合，如依托邮轮港、航空产业园等重点项目、船舶修造、水产品加工等优势产业，加快工业旅游示范基地的建设(见表5-42)。

表 5-42　2016 年舟山滨海县(市、区)旅游业发展情况

滨海地区	滨海景区数量/个	旅游人数/万人次	增幅/%	旅游收入/亿元	增幅/%
定海	4	963.20	18.70	137.26	18.70
普陀	7	2773.61	16.10	324.70	24.30
岱山	3	458.80	15.90	65.26	16.10
嵊泗	2	497.60	16.30	70.10	18.00

二、定海区

定海区共有大小岛屿 128 个，总面积 1444 km^2，其中陆地面积 568.8 km^2，海域面积 875.2 km^2，拥有海岸线 447.73 km。定海是舟山政治、经济和文化的中心，全国唯一的海岛历史文化名城，曾是平倭之战、鸦片战争的主战场之一，也是今日的东海前哨、国防重地。这片土地不仅培育了朱葆山、刘鸿生、安子介、董浩云等一批誉播海内外的杰出人士，还是乔石、董建华、丁光训、三毛、杨元庆的故里。定海不仅有神秘灿烂的“海岛河姆渡”文化，更有丰富多彩的海洋民俗文化，如舟山锣鼓、跳蚤舞、木偶戏、翁州走书和舟山渔民画等。

随着 2009 年舟山跨海大桥的开通，定海旅游迎来了新的发展机遇。2012 年，《舟山市定海区旅游发展规划》正式公布，确立了“一基地五区”旅游发展基本框架，其目标是打造长三角地区重要的海洋海岛旅游服务基地和休闲度假基地。“一基地”即舟山群岛定海国际旅游度假区(国际海洋旅游度假基地)，主要区域为南部诸岛、海滨沿线、东山、长岗山、白泉等，依托沿海群岛的自然资源和定海独特的海防文化、渔文化、民俗文化、船文化等历史文化资源，立足打造长三角著名的群岛型旅游度假区；“五区”即依托册子岛西堠门大桥、西部海湾、海岙资源，建成集大桥观光、温泉度假、海上运动、美食体验等于一体的舟山跨海大桥风景旅游区；主要包括狭门龙头坑茶人谷、小沙寺岭古村、马岙海岛第一村、五雷山、虹桥水库等景点及区内古驿道驿亭景观线的东海大峡谷国家森林公园生态旅游区；定海城西竹山，立足打造集爱国主义教育、文化弘扬、旅游发展等为一体的中国鸦片战争遗址公园文化旅游区；定海老城区打造成为定海历史文化名城休闲旅游区；区内的干览镇，涵盖龙潭、青龙、新建三个社区，打造成为中国国际戏剧谷文化旅游区。“十三五”期间，定海区以“休闲定海”为主题，打造古城休闲、户外休闲、乡村休闲旅游目的地。对内，不断深化舟山海岛国际旅游度假区相关规划编制工作，提升景区品质。对外，创新招商，编制完成中英文对照的《定海旅游招商手册》，积极参加旅游合作交流会议，加大招商推介，推动项目落地。

定海区目前有滨海景区4个(见表5-43)，可开发利用无人岛4个(见表5-44)。

表5-43　定海区滨海景区简况

景区名称	等级	景区简介
小沙旅游区	A	位于定海区小沙镇；有被列为舟山市文物保护单位的复翁堂，定海区文物保护单位的三毛祖居、甩龙桥、天后宫，佛教圣地清静讲寺、千年古庵净土庵，小沙民族文化活动中心，寺岭古桥等。

（续表）

景区名称	等级	景区简介
钓琅湾休闲农庄	A	占地面积 103 亩。休闲活动包括餐饮、棋牌、垂钓、烧烤、儿童乐园、竹楼 OK 厅、茶室、会议接待室、划竹筏，水上碰碰船、娱乐攀岩等。荣获市级休闲渔业基地、省级农家乐特色点等荣誉称号。
马岙旅游区	AA	马岙博物馆、春岭旅游度假村、青青世界休闲观光旅游区、凉帽逢土墩古文化遗址公园等。
东海大峡谷景区	AAA	占地 28 km^2；有茶人广场、紫树广场、云水广场、桃花坞、大潭岗茶园、半月潭、龙王宫、龙潭等旅游景点；童趣园、高空溜索、极速滑道、卡丁车等。

表 5-44　定海区可开发利用无人岛简况

岛屿名称	用　　途
担峙岛	旅游娱乐用岛
团鸡山岛	公共服务用岛
盐仓枕头屿	旅游娱乐用岛
茶山岛	旅游娱乐用岛

2016 年，定海区接待游客 963.20 万人次，同比增长 18.7%，其中国内游客 954.92 万人次，同比增长 18.8%；实现旅游总收入

137.26 亿元，同比增长 18.7%，其中国内旅游收入 134.17 亿元，同比增长 18.8%。

三、普陀区

普陀区在舟山群岛东南部，因境内佛教名山——普陀山而得名。全区共有大小岛屿 455 个，其中 32 个岛有人居住，总面积 6728 km^2，其中海域面积 6269.4 km^2，陆地面积 458.6 km^2，海岸线总长 787.87 km。境内拥有国家级风景名胜区普陀山(朱家尖)和桃花岛等著名旅游景区。沈家门渔港是我国最大渔货集散地，与挪威卑耳根港、秘鲁卡亚俄港合称世界三大渔港。

普陀旅游业起步于 20 世纪 70 年代末，是浙江省旅游先发区块之一。1979 年成立普陀山管理局，1982 年，普陀山风景名胜区名列首批国家重点风景名胜区，标志着普陀的海洋海岛旅游发展进入了一个新的时期。独特的自然环境、海洋文化、佛教文化，使得普陀拥有“中国优秀旅游城市”“国家级生态示范区”“中国海鲜之都”“浙江省首批旅游经济强区”“浙江十大世博旅游名城”“国家首批旅游综合改革试点城市”“浙江省海洋旅游综合改革试验区”等众多荣誉称号。“十三五”期间，普陀区以“全景普陀”为主题，创建国家全域旅游示范区，构建“一心一湾三岛群”大格局。“一心”指沈家门本岛核心发展区，“一湾”即活力“普陀湾”，“三岛群”包括“六横—虾峙”临港产业岛群、“普陀山-朱家尖”休闲旅游岛群和“中街山列岛”生态经济岛群。

普陀区目前有滨海景区 7 个(见表 5-45)，著名海岛沙滩 19 个(见表 5-46)，可开发利用无人岛 4 个(见表 5-47)。

表 5-45　普陀区滨海景区简况

景区名称	等级	景区简介
六横旅游景区	AA	有王安石庙、张巷水隐居地、太平军古战场等历史遗迹；有龙头跳假日海滩、悬山岛铜锣甩度假村、台门港“海上人家”等景区；有海上野生鱼垂钓、生态杨梅园、柑橘园手摘等休闲旅游项目。
蚂蚁岛旅游景区	AA	有浙江省最大的集捕捞、加工、销售于一体的虾皮市场，全国第一个人民公社旧址、创业纪念馆、三八海塘、世纪虹公园、文明路、大沙岙等景点和众多的渔家乐活动。
白沙旅游景区	AAA	有仙女台、千丈崖、天堂弄、极乐寺等主要景点。白沙岛海钓基地的海钓鱼类品种、数量及质量极优，是海钓爱好者和海上休闲者的乐园。
桃花岛旅游景区	AAAA	省级风景名胜区；有舟山群岛第一高峰——安期峰，舟山第一深港——桃花港，东南沿海第一大石——大佛岩；是中国三大水仙名品之一的普陀水仙和浙江名茶普陀佛茶的主产地；六大景区包括桃花峪景区、塔湾金沙景区、安期峰景区、大佛岩景区、悬鹁鸪岛景区和桃花港景观带。
朱家尖旅游景区	AAAA	“国家海岛生态公园”、省十大最佳旅游度假胜地、“舟山旅游金三角”之一；主要景点包括大青山、沙雕艺术广场、乌石砾滩、观音文化苑、情人岛、白沙岛等。

(续表)

景区名称	等级	景区简介
中国舟山国际水产城	AAAA	位于沈家门渔港小镇的核心区，全国最大的原产地海鲜批发市场，占地 $30\times10^4 m^2$，渔港岸线 1200 m，500 t 级以上浮动泊位 13 个；是集渔业文化、渔港美景、海鲜选购、海鲜烹饪体验等多种功能为一体的大型渔港商贸旅游文化综合体。
普陀山风景名胜区	AAAAA	中国四大佛教名山之一，首批国家级重点风景名胜区；主要景点包括普济寺景区、法雨寺景区、紫竹林景区、不肯去观音院、南海观音大佛、西天景区等。

表 5-46　普陀区海岛沙滩分布简况

海岛名称	沙滩分布
青浜岛	青浜岛沙滩
普陀山岛	后沙岙沙滩
	九虎虎沙
	飞沙岙沙滩
	千步沙
	百步沙
	金沙

（续表）

海岛名称	沙滩分布
朱家尖岛	东沙沙滩
	南沙沙滩
	白山沙滩
	大沙里沙滩
	千沙沙滩
	里沙沙滩
	漳州沙沙滩
桃花岛	塔湾金沙
	鹁鸪门沙滩
虾峙岛	河泥漕沙滩
六横岛	龙头跳沙滩
	外门沙沙滩

表 5-47　普陀区可开发利用无人岛简况

岛屿名称	用　　途
癞头园山屿	工业用岛
小癞头礁	交通运输用岛

2016 年，普陀区共接待游客 2773. 61 万人次，比上年增长 16. 1%，其中接待海外游客 20. 50 万人次，增长 4. 1%。普陀山、朱

家尖、桃花岛分别接待游客 749.69 万人次、647.96 万人次和 253.93 万人次，分别增长 12.9%、16.1%和 10.7%。全年实现旅游总收入 324.70 亿元，增长 24.3%。

四、岱山县

岱山县位于舟山群岛中部，全县总面积 5242 km^2，其中海域面积 4936.2 km^2，陆地面积 326.8 km^2，海岸线长 692.94 km。岱山县由岱山、衢山、大小长涂山、秀山、大鱼山等 379 个岛屿和 256 个海礁组成，自然景色秀丽，海岛风光宜人，自古就被誉为“蓬莱仙岛”。1991 年，由浙江省人民政府批准正式列入省级风景名胜区。随着东海跨海大桥、杭州湾大桥及舟山连岛大桥的建成，岱山县成为舟山接轨中国第一大都市——上海的第一站，被纳入上海 2 h 交通圈。

近年来，岱山结合自然生态资源和历史文化资源，以打造“长三角著名的海上休闲度假基地”为目标，通过错位竞争的发展思路，开发特色海洋海岛旅游产品，如以海水、沙滩为特色的“华东第一滩”鹿栏晴沙、秀山岛、衢山岛；以海钓运动为主的岱山东部岛礁区、衢山三星岛附近岛屿、川湖列岛；以“渔家乐”为基础的岱西林家渔家乐等众多特色村。精心策划了一批沙滩运动、帆船、摩托艇、海上滑翔机、滑泥、滑水、水疗、阳光浴、高尔夫等项目，培育和发展了以休闲运动、康体养生、竞赛表演为主体的海洋体育产业。旅游人数稳步增加，海洋海岛旅游经济走上了稳步发展的轨道。

岱山县目前有滨海景区 3 个(见表 5-48)，著名海岛沙滩 16 个(见表 5-49)，可开发利用无人岛 2 个(见表 5-50)。

表 5-48　岱山县滨海景区简况

景区名称	等级	景区简介
浙江秀山岛景区	AAA	秀山岛山清水秀，全岛绿色覆盖达 73%以上；主要景点有滑泥主题公园、兰秀文化博物馆、秀山沙滩群、九子佛屿、海滨浴场、长寿禅院、厉族众家祠堂、厉家五大房、狮子岩等。
东沙古渔镇景区	AAA	是舟山群岛历史上的著名渔港；拥有“东沙古镇”“燕窝山风景旅游度假区”“中国海岬公园”等旅游景点。
岱山风景名胜区	省级	岱山风景名胜区由 404 个岛屿组成，海域面积 4916 km^2，是集观光旅游、休闲度假、娱乐运动于一体海洋海岛旅游基地；主要景点包括观音山景区、双龙戏珠景区、磨心山景区、东沙古镇、秀山景区、燕窝山景区、中国灯塔博物馆、中国盐业博物馆、中国岛礁博物馆、徐福博物馆、中国书雕城等。

表 5-49　岱山县海岛沙滩分布简况

海岛名称	沙滩分布
衢山岛	双龙沙滩
	马足岙沙滩
	南扫帚沙滩
	王家沙滩
	东长沙沙滩
	西长沙沙滩

（续表）

海岛名称	沙滩分布
岱山岛	鹿栏晴沙
	毛家岙沙滩
秀山岛	九子沙滩
	后沙沙滩
	小九子沙滩
	双子沙滩
	叶唬沙滩
	浪鸡山沙滩
	观音跳沙滩
	石井潭沙滩

表 5-50　岱山县可开发利用无人岛简况

岛屿名称	用　途
大瓦窑门屿	交通运输用岛
明礁	交通运输用岛

2016 年，岱山县接待游客 458. 80 万人次，实现旅游总收入 65. 26 亿元，分别比上年增长 15. 9%和 16. 1%。

五、嵊泗县

嵊泗县地处长江黄金水道出海口，是浙江省最东部、舟山群岛最北部的一个海岛县，全县有大小岛屿404个，其中百人以上常住岛屿13个，陆域面积86 km^2，海域面积8738 km^2，拥有海岸线459.8 km。嵊泗是全国唯一的国家级列岛型风景名胜区，素有“海上仙山”的美誉，具有“碧海奇礁、金沙渔火”等原生态旅游特点，已被认定的风景点有50多处。嵊泗列岛风景名胜区划分为四个景区，即以碧海金沙、渔家休闲、海鲜美食为特色的泗礁景区；以远东第一大灯塔—花鸟灯塔和雾岛为特色的花绿景区；以渔港、海崖和渔俗为特色的嵊山—枸杞景区；以幻石灵礁和现代港桥为特色的洋山景区。

嵊泗旅游业起步于1984年，次年即被评为浙江省风景名胜区，1988年8月被国务院批准为我国唯一的国际级列岛型风景名胜区。进入新世纪以后，嵊泗对旅游业发展的重视程度逐渐加大，旅游投入不断增加，旅游基础设施建设进一步加快，旅游项目开发不断加强，宣传促销力度大大提高，旅游环境明显改善，旅游资源有效整合，成为一个集避暑、休闲、观光、海上竞技、渔家风情和海鲜美食为一体的综合型休闲旅游度假区。2006年以后，嵊泗旅游快速发展，旅游经济保持15%以上的年增长率，成为全县重要的经济增长点。嵊泗旅游的客源市场早期以上海游客为主，最多时占据全县游客的90%以上，随后向浙东、苏南等周边大中城市逐步延伸。“十三五”期间，嵊泗县以“离岛微城”为主题，打造成为中国海洋海岛旅游典范。

嵊泗目前有滨海景区2个(见表5-51)，著名海岛沙滩10个(见表5-52)，可开发利用无人岛2个(见表5-53)。

表 5-51　嵊泗县滨海景区简况

景区名称	等级	景区简介
花鸟岛景区	AAA	岛上花草丛生，林壑秀美，终年云雾缭绕；主要景点有老虎洞，云雾洞，猿猴洞及被誉为远东第一大灯塔的花鸟灯塔等。
嵊泗国家级风景名胜区	国家级	素有“海上仙山”之称，境内有 404 座岛屿，是舟山群岛中最大的列岛群；主要旅游点包括基湖沙滩、渔家乐、大悲山、海滩戏沙、海域冲浪、海底世界、碧海垂钓等。

表 5-52　嵊泗县海岛沙滩分布简况

海岛名称	沙滩分布
花岛山岛	南沙滩
泗礁山岛	泗礁山岛外山嘴沙滩
	大黄沙沙滩
	东海渔村沙滩
	小关岙沙滩
	基湖沙滩
	南长涂沙滩
	田岙村沙滩
	高场湾沙滩
	石柱村关山沙滩

表 5-53　嵊泗县可开发利用无人岛简况

岛屿名称	用途
外马廊山岛	旅游娱乐用岛
里马廊山岛	旅游娱乐用岛

2016 年，嵊泗县接待游客 497.6 万人次，增长 16.3%，实现旅游总收入 70.1 亿元，增长 18.0%。

第六节　存在的不足

有差距是正常的。造成浙江省县域海洋海岛旅游发展的差异除了自然禀赋等客观原因外，还有以下五个方面的问题。

一、部分党委和政府对旅游发展没有引起足够重视

浙江经济发展在改革开放以来之所以一直在全国名列前茅，重要原因之一是县域经济发达。县强则省强。浙江作为我国旅游经济强省，也是同理。但研究分析滨海26县(市、区)的旅游经济发展，个体的差距甚大。从国家旅游局已公布的第一、二批国家“全域旅游旅游示范区”创建单位的分布来看，滨海县(市、区)创建单位宁波市有3个(奉化区、象山县、宁海县)，舟山市有1个(普陀区)，温州、嘉兴和台州均无。从搜集的材料来看，仅有普陀区、象山县等少数几个县明确提出把旅游业作为“十三五”期间重要支柱产业来培育，形成了一把手亲自抓、部门联动的工作机制，突出了旅游的龙头地位。可见，在浙江全省高度重视旅游业发展的大背景下，在“省域大景区”“诗画浙江大花园”建设的大形势下，部分滨海县(市、区)尤其是少数旅游资源丰富的县(市、区)的党委、政府对抓旅游发展还是没有做到“高看一眼”。

二、部分县(市、区)的旅游管理体制机制改革还没有与时俱进

“大产业、大发展”时期的旅游业，融合是其最核心的动力源之一，这在浙江这个地理空间有限的省份尤其如此。浙江要打造中国最主要的旅游目的地，只有首先破除成为藩篱的旧的管理体制机制，发展才有可能“蹄急步稳”。以行政管理机构的名称改革(“旅游局”改名“旅游委”)为例，虽然，滨海县(市、区)不少也做了，如象山旅游发展委员会、宁海旅游委员会、奉化区旅游发展委员会、洞头区风景与旅游发展委员会等，但是否已经意味着“小马拉大车”“综合部门行业抓”的局面真改变，旅游产业地位是否得到真正彰显，还需要打个问号。

三、旅游业态不够丰富

“旅游+”“+旅游”拥有极大的能量，能够促进旅游新业态的大量产生。我国不少地方近年来通过这种有效方式，促进了城市重生、产业腾飞。就旅游角度而言，它不仅让开发者受益，更丰富了旅游市场产品。如这些年新兴的工业旅游、休闲农业旅游、中医药养生旅游、运动休闲旅游、特色小镇旅游等，大大丰富了人们的旅游愉悦度。从数据分析来看，全省 50 多个省级旅游度假区中的 10 个位于滨海县(市、区)，84 家生态旅游度假区中 27 家位于滨海县，且主要分布在宁波和台州；工业基地慈溪市最多；运动休闲基地集中在温州永嘉等县；海洋精品渔业基地集中在余姚和岱山；而第一、二批省级 78 个特色小镇仅有 6 个位于滨海县。

上述分析可以看出，滨海县(市、区)的旅游业态存在明显的局限性。一方面，这些县(市、区)在省级有关部门提倡的分批次推进的涉旅新业态发展方面并没有先人一步、拔得头筹，另一方面，独具海洋海岛个性的诸如冲浪、帆船、海钓、海上快艇、伞翼滑翔、休闲渔业、健康理疗等旅游产品的开发方面也缺少力度。

四、行政管理队伍建设相对滞后

旅游局的人数定编相差甚大，多则四五十人，少则个位数；各县(市、区)旅游局(委)共性的职能管理部门有规划、行业管理、市场开发三个，有些县(市、区)还设置了产业发展、质量监督、乡村旅游、全域旅游创建办等部门。机构、人员的多少自然和资金也密切相关，县(市、区)旅游发展专项资金差别极悬殊，多的5000万元以上，少的只有十分之一甚至不到。没人没枪自然打不了仗，有人没枪同样打不好仗。一个突出的问题是在产业融合的大趋势下，各县(市、区)普遍缺少能“跨界”管理的旅游干部。

第六章

浙江省海洋海岛旅游发展趋势及对策和建议

第一节　海洋海岛旅游发展趋势

一、整体趋势

《浙江省国民经济和社会发展第十三个五年规划纲要》明确提出要主动融入“一带一路”，统筹海洋经济发展示范区建设，大力推进海港、海湾、海岛“三海联动”，推动海洋经济发展迈上新台阶，加强重要海岛开发和无居民海岛保护利用，积极发展海洋海岛旅游、清洁能源、港口物流等产业。海洋海岛旅游正越来越受到世界各国的重视，成为区域经济发展全新增长极，浙江省海洋海岛旅游也将向国际化、市场化、专业化和品牌化的方向发展。

1. 消费的大众化和多元化

随着大众旅游休闲时代的到来，休闲化、体验化、个性化、定制化已成为当下旅游者消费需求的显著特征，而海洋海岛旅游具备得天独厚的自然环境、丰富的海洋海岛体验内容又能为游客休闲提供特殊的经历。2017 年 7 月新华网与同程旅游联合发布的《国内居民海洋海岛旅游消费研究报告 2017》显示，2016 年我国居民出境海洋海岛游的出游人次在 3500 万人次以上，2017 年有望突破 4000 万人次。国际海洋海岛游目前正转向大众化的休闲度假，而国内的海洋海岛游则逐渐成为新的休闲度假选择，家庭、新婚夫妇、情侣、亲子是其核心客群。数据显示，43.1%的人选择全家人一起出游，24.1%的人选择与伴侣一起出游，越来越多的80后、90后中高收入者成为境内外海洋海岛游的核心消费人群。目的地上，出境以巴厘岛、长滩岛最热门，国内则以三亚、厦门、青岛等领先。海洋海岛旅游消费的结构、层次、内容等均呈现出多元化趋势。

2. 产业的融合化

融合性是旅游业的本质属性。海洋海岛旅游业具有综合性的特征，在互联网的催生下，一大批新技术、新产品、新业态和新模式诞生。“十三五”期间，海洋海岛旅游与主题性的健康、医疗、养老、航空、文化创意、野外露营以及第二居住地度假等结合，成为新的旅游热点，而观光游览、休闲运动、商务会议、民俗节事等海洋海岛旅游产品的产业链功能将不断得以强化。

3. 投资的趋热化和理性化

2016年，浙江省旅游投资首次突破一万亿元，单体投资过百亿的旅游项目达到16项，位于长兴的龙之梦和海盐的山水六旗两个项目分别突破200亿和300亿；舟山邮轮母港建设的瓶颈问题也得以解决；游艇项目发展迅猛，投资增幅超过60%。海岛民宿、海岛康体养生等成为投资热点。

尽管旅游投资不断热化，投资者却越趋理性。以浙江省推出的31个无居民海岛为例，2011年刚推出时各方反响热烈，象山的两个海岛很快被拍卖，然而投资回报并没有达到预期的效果，这直接打击了投资者的热情和信心，目前浙江省除了这两个海岛以及乐清一个进行公益性开发的无居民海岛外，其余28个海岛至今无人认领。

与此类似的还有民宿，2012 到 2015 年，浙江省涌现了一股汹涌的民宿投资潮，民宿内涵被模糊，民宿投资金额越来越大，民宿档次不断提高，滨海及海岛地区也不例外。但自 2016 年下半年开始，理性的市场已经明显遏制了资本的疯狂。

4. 旅游开发的全域化

2015 年年底，国家旅游局开始实施全国“全域旅游示范区”创建工作，目前已经公布两批共 500 个县级以上创建单位。2017 年全国两会上，李克强总理在政府工作报告中首次提出“完善旅游设施和服务，大力发展乡村休闲、全域旅游”。可以预见的是，未来一些滨海县(市、区)的旅游开发空间会更加广阔、格局会更高，县域的旅游合作将加强，“县域旅游”将逐渐被“区域旅游”所替代。

二、供给侧趋势

1. 产品不断升级

海岛度假、邮轮游艇、禅意佛教、探险运动、海洋文化等新型旅游产品正引领当前及未来海洋海岛旅游市场；传统旅游融入高科技手段，海洋海岛旅游的空间功能将进一步释放，内涵将进一步挖掘，形式将日趋丰富。

2. 服务日趋精细

后工业化时代的全面到来，机器换人、人工智能的快速发展，一方面使得人与人之间的情感关系日趋隔阂和冷漠；而另一方面，个体休闲时间将大大增多，个体出游的渴望将大大增强，但在旅游目的地、旅游产品选择越来越丰富的背景下，供给方只有提供更加个性化、人性化、精细化、定制化的服务，才能满足游客的诉求。

3. 要素体系优化

跨海大桥、海底隧道、邮轮母港等重大公共基础设施的建设将突破行政区域的利益藩篱，地区之间协同发展趋势显现，既谋求协调发展，又强调错位开发；市场的营销推广同样如此，区域间协同推广、做大共同的市场成为政府的共识。

三、需求趋势

1. 需求多样化

浙江省海洋海岛旅游处于大众旅游和精品旅游并存阶段。传统的阳光、沙滩、海水等大众旅游产品依然拥有巨大的市场，新兴的休闲渔业、滨海养生养老、海钓、摩托艇、滑水、帆船、邮轮、低空飞行、海岛马拉松、海底观光、潜水、沙滩足球等细分市场旅游产品也越来越受到追捧，吃、住、行、游、购、娱与商、养、学、闲、情、奇共同发展。

2. 在线需求加速

2015 年，同程旅游的服务人次突破了 1 亿，2016 年接近 3 亿，2017 年有可能突破 5 亿；艾瑞统计数据也证实了这种趋势，2016 年中国在线旅游市场交易规模达 6026 亿元，同比增长 34%，预计 2019 年超万亿元，这说明在线旅游需求规模将不断扩大。政府、企业运用大数据实施精准营销和有效管理，游客通过手机终端收集旅游信息、作旅游咨询等将普及化。对于海洋海岛旅游来说，以高科技手段提高海上安全预警系统的准确性，为游客提供便捷快速的旅游安全预警机制和救援系统也将成为需求趋势。

四、管理趋势

1. 政策红利越来越多

近年来，我国的旅游战略地位持续上升，国务院、全国人大以及有关部门以文件、法律法规等形式，明确了旅游发展的地位和路径。2009 年，我国政府明确了旅游业在将来一个时间的定位是“国民经济的战略性支柱性产业和人民群众最满意的现代服务业”；2013 年颁布的《国民旅游休闲纲要(2013-2020)》，明确了国民带薪休假的时间表；同年人大通过的旅游业根本大法《旅游法》，结束了旅游业没有上位法的历史；之后，国务院又出台《关于促进旅游业改革发展的若干建议》，国家旅游局持续实施“515”战略，“一带一路”战略则更加速旅游业升温。地方各级政府因地制宜，在旅游消费、旅游投资、旅游人才培养等方面不断加大政策力度。

2. 管理体制机制越来越优化

层级分明的海洋海岛旅游规划和开发及管理体系，有助于明确各级海洋、旅游及其他涉海管理部门在海洋海岛旅游管理中的地位，也有利于相关部门适时制定和修订行业管理规范、税费优惠、信贷融资、科技创新、人才培养等方面的产业扶持政策，从而形成职能明确、协同联动的海洋海岛旅游行政管理机制。

第二节 对策与建议

一、创新管理体制机制

管理体制是牛鼻子，它的创新是推动我国旅游业快速发展的重要手段。浙江省旅游产业发展已处在全国前列，已经建成名副其实的旅游经济强省，这是各市县(区)因地制宜，不断推进旅游管理体制改革与创新的结果。21世纪初，我省县(市、区)一级普遍成立风景旅游局或风景旅游管理局，在全国率先完成旅游与风景合为一体的机构改革，解决了旅游部门没有“地盘”的问题，促进了旅游业的快速发展。近年来，随着旅游和其他产业融合的加速，旅游体制综合改革继续往前推进，各地为了改变“小马拉大车”的现状，促进“综合产业综合抓”局面的形成，纷纷把抓行业管理的旅游局为抓综合产业的旅游委，如奉化、象山、天台等；有的还突出融合的主导产业，进一步明确职能，如义乌改名为旅游与会展管理委员会，开化、龙泉改名为文化旅游委员会，富阳为旅游体育局，仙居为生态文明旅游管理委员会等，大大提高了旅游业在经济社会发展中的地位，促进了旅游业的带动作用。

体制顺则百事顺。在海洋海岛旅游越来越受消费者青睐的形势下，我省的滨海及海岛县(市、区)必须加快加大体制改革力度，以顺应产品创新、市场创新的需求。一是要加强对海洋海岛旅游发展的组织领导，建立有效的协调机制。建议宁波、舟山等五个滨海市在市旅游委(局)层面设立海洋海岛旅游处，以统筹海洋海岛旅游的政策制定、规划开发、宣传营销等工作；突破目前跨部门和跨地区融合困难，各相关产业、部门信息交流制约的难点，构建克服行政部门分工分家与相关产业部门各自为政 的协调组织与制度，构建信息交流平台。二是构建跨地区、跨部门的安全保障管理机制。没有安全就没有旅游。随着海洋海岛旅游消费大潮的到来，海上交通、台风灾害、局部瞬时大客流等情况下的安全问题必须引起高度重视。为此，旅游部门要进一步深化与港航等交通部门的合作，建立大流量时应对处置机制建设；要深化气象部门的合作，以提升灾害性天气预警防范处置能力；要深化和医卫部门合作，加强旅游紧急救援平台建设。

二、强化产业融合

产业融合是产业发展的内在规律所决定的，是社会经济发展的必然结果。旅游产业融合是旅游产业与其他产业或者旅游产业内部不同行业之间发生相互渗透、相互关联，最后形成新的产业。产业融合的结果是新业态的产生，旅游产业融合的最终结果也产生了新业态。旅游业本身是个创新、创造的行业，几乎所有产业都可以跟旅游融合而形成新兴业态和产品，“海洋海岛旅游+”“+海洋海岛旅游”也可以不同的方式向纵深发展。

我省滨海及海岛县的旅游与其他产业融合，可以突出以下几个方面：一是强化与海洋捕捞、海产养殖等第一产业的融合。我省海域面积广阔，滩涂众多，舟山渔场知名度高，历来是全球四大渔场之一，不少县(市、区)因地制宜，在近海养殖各类特色海鲜、海藻。如舟山的梭子蟹、三门的青蟹、宁海的蛏子、洞头和苍南的羊栖菜等。把旅游融入海洋捕捞、海产养殖，将大大提高一产的附加值，这些年来舟山普陀区及象山县休闲渔业的发展已经证明了这点。二是强化和船舶制造维修、海鲜加工等第二产业的融合。我省各地有大量的船泊生产和海鲜加工企业，有些甚至是国内一流国际知名，选择一批意愿强、有特色的企业做好“+旅游”的文章，不仅有利于企业经营管理品质的提升，也有利于企业品牌及产品销售的提升。三是强化和服务业、城镇化等的融合。比如和交通运输业的融合，就要摒弃传统的“运输即运人运货”理念，使交通工具同时兼有“游、娱、吃、观”的功能；又比如特色小镇的建设，规划设计建设过程中就要深入挖掘当地独特的海洋文化、渔业文化，充分考虑旅游的各种要素各种功能，做到地方化、主体化、精品化。

三、开展“诗画浙江，海上花园”建设行动

《浙江省旅游业发展“十三五”规划》明确提出了“东扩”战略，即依托浙江海洋经济发展示范区、舟山群岛新区等国家战略，以陆海交通和岛际交通改善为前提，重点建设一批高品质的特色海洋海岛旅游区，培育一批高端旅游产品和新型旅游产品，带动我省海洋海岛旅游业的整体发展。省委书记车俊在中共浙江省第十四次代表大会上提出：要按照把省域建成大景区的理念和目标，高标准建设美丽城市；谋划实施“大花园”建设行动纲要，使山水和城乡融为一体，自然与文化相得益彰；大力发展全域旅游，积极培育旅游风情小镇，推进万村景区化建设，提升发展乡村旅游、民宿经济，全面建成“诗画浙江”中国最佳旅游目的地。

我省旅游业的“东扩”战略以及“省域大景区”和“大花园”建设，

为滨海及海岛地区开展“诗画浙江，海上花园”建设提供了政策机遇，滨海及海岛地区必须紧紧抓住这个机会。一是开展“花园海岛”创建工作。通过环境改造和提升推动我省海岛自然环境，打造“城在海中、村在花中、岛在景中、人在画中”的意境，提高驻岛居民的家园自豪感和生活幸福度。二是实施“海岛振兴”行动，开展产业重构和文化挖掘、植入。一方面，滨海和海岛县(市、区)往往有着独特的风土人情，另一方面，随着生产方式的变化、产业的转型以及脱贫过程中人口的迁离，渔村“空巢化、空心化、空白化”现象也非常严重，因此，在“花园海岛”建设行动过程中，必须把产业重构放在第一位，与此同时，也把文化发掘、文化植入作为重要工作，只有这两手都硬，海岛振兴才能成为现实。

四、加快舟山国际旅游岛建设

目前，国务院仅仅批准了海南和平潭两个国际旅游岛，舟山国际旅游岛的建设如果能够获批，则将成为舟山乃至浙江省海洋海岛旅游发展的巨大机遇，对舟山未来旅游业发展意义不可估量。在国际旅游岛建设富民，海南和平潭两岛的以下经验值得舟山借鉴：①海南国际旅游岛建设，国家赋予了一系列优惠政策，包括西部大开发、离境退税、离岛免税等，也实施了多国免签证、邮轮边境游异地办证、允许境外资本在先行区内举办医疗机构等政策；海南岛地方政府紧抓机遇，加大招商引资力度，狠抓大项目建设，建成环岛高铁、千亿机场等巨型工程，奢华酒店纷纷落地，11 座人工岛建成或开建，旅游基础设施不断完善，旅游业态不断丰富，实现了从观光游到观光、休闲、度假、会议商务、健康医疗等并驾齐驱的发展局面，极大地增强了海南的旅游吸引力。②平潭国际旅游岛建设正式启动于 2016 年，当年8月，国务院批复了《平潭国际旅游岛建设方案》。它定位明确：为国际知名旅游目的地、海岛生态旅游示范区、两岸同胞共同家园以及对外开放重要窗口；它阶段性目标清晰：到2020年，国际旅游岛建设全面推进，独具特色的旅游产品体系基本形成；到2025年，国际旅游岛基本建成，成为两岸同胞向往的幸福家园和国际知名的海岛休闲度假旅游胜地；它成就初显：获批一年来，已初步形成海洋海岛旅游、文体旅游、购物旅游、乡村旅游四大旅游产品体系，已成功引进国际海岛论坛、博览会、“海洋杯”国际自行车赛三大盛会；成功举办国际帆船赛、公开水域挑战赛、沙滩排球赛、风筝冲浪、潜水等海上运动赛事；国际演艺中心、邓丽君影视文化产业园、平潭国际马术竞技综合项目等项目正在推进；已建成澳前台湾小镇和新丝路跨境交易中心等免税商场，两万多种进口商品和近百家品牌已经入驻；一批海滨休闲集镇和旅游特色村兴起。

前述，舟山海洋海岛旅游的开发对全省意义重大。近几年，舟山的一系列大项目建设，也为舟山国际旅游岛申报增加了分量，如江海联运服务中心获批建设、波音航空产业园落户朱家尖、中国(浙江)自由贸易实验区挂牌等等，鉴于此，我省一方面应加快舟山国际旅游岛申报的步伐，一方面，与海南的“九年磨一剑”一样，要有打持久战的准备。一是高处谋划，舟山国际旅游岛的申报工作应该上升到更高层面；二是要主题突出个性鲜明，舟山的水、气候、资源跟海南、平潭都不一样，需要抓住浙江岛多、线长、港多、腹地广的特点；三是扎实推进各项工作，进一步练好内功。

为促进舟山国际旅游岛工作，舟山目前应着力推进以下几方面工作：①大力推进国际邮轮母港建设。邮轮市场前景巨大，作为当下热门的旅游产品和国际客出入的便捷交通，舟山推进国际邮轮母港建设首先要着眼于基本的硬件配套设施，如联检大厅、临时客运设施、免税商店等，以不断完善其综合服务功能；其次，要制定更有力度的扶持发展政策，解决境外游艇停靠、出入登记转港移泊、水域开放等问题，放宽检验登记、出入境管理等政策限制，开辟公海无目的地航线，逐步开放近岸水域、外国邮轮公司注册、船舶购买和船员国籍比例、外籍邮轮在华多点港口挂靠等，积极融入国际邮轮旅游体系。②积极争取离岛免税政策落地。打造建设舟山国际免税中心和大型品牌直销旗舰店，培育以细分市场免税购物为龙头，涵盖高端奢侈品、特色纪念品、本地文化和手工艺品等的精品旅游购物体系，使同样的商品在舟山免税店的免税零售价格与海南、香港等市场持平甚至更低。③开辟境外包机市场。针对目前国际航线空白所导致的境外游客进入性差的问题，舟山应该大力推进旅游与航空的紧密结合，开辟境外包机。尤其是针对日韩、东南亚市场，应打出旅游目的地旗号，利用旅游专项资金，加大旅游宣传推广力度，找准旅游渠道商，打造舒适、便捷、廉价的包机旅游产品；要利用波音产业园、大型石化生产基地落户的机会，开辟境外公务机市场，努力提升舟山海洋海岛旅游的国际化形象。

五、打造具有国际能级的旅游产品

浙江是全国海岛数量最多的海洋大省，有着得天独厚的海洋海岛旅游资源和独特的海洋海岛文化。随着我省旅游产业融合成为重中之重的工作，全域旅游的推进，省域大景区、大花园建设的落地，旅游产品必将日趋多样化。顺应并创造市场消费，因地制宜地打造一系列具有强大吸引力的海洋海岛旅游产品，是浙江省海洋海岛旅游一篇急待破题的文章。建议在以下五大产品的研发方面投入更多的人力财力。一是“诗画浙江——东海游”产品。充分发挥浙江海岛多、海岸线长、港口多、海洋纵深广的优势，完善“诗画浙江”主题形象和展现“诗画浙江”产品的多样性，遴选沿海、近海各景区及有关岛屿以及其他旅游要素，串点成线，打出“浙江东海游”旗帜，推动我省邮轮/游艇旅游以及海洋海岛旅游业的发展。二是医疗旅游产品。在全球老龄化趋势日趋加快、亚健康状态日益普遍的背景下，大健康产业将成为推动世界经济发展的新引擎之一。目前，医疗旅游开展较好的国家和地区主要集中在热带和亚热带，亚洲泰国、印度、新加坡、马来西亚、韩国已成为著名的滨海医疗旅游目的地，泰国的温泉医疗保健、印度的传统瑜伽、新加坡的癌症治疗、马来西亚的运动康复、韩国的整形美容已名闻遐迩。海洋医疗旅游作为起步时间不长的一个产业，我省的滨海和海岛县(市、区)应充分利用海洋、海岛良好的生态环境，结合中医中药，发展海洋医疗旅游。如舟山可以重点开发海岛度假康复疗养产品、宗教医疗养生产品、海洋运动康体健身产品；洞头可依托温州医科大学滨海校区优势学科及附属医院优势专科，重点开发眼视光医学、神经医学、心脑血管、康复理疗等。三是海洋休闲运动旅游产品。丰富多彩的休闲运动项目能够使得滨海度假充满活力，增强细分市场的旅游吸引力。我省的不少滨海和海岛县(市、区)拥有开发海洋体育旅游产业的基础条件和巨大潜力，但总体上讲，如冲浪、高速游艇、摩托艇、牵引降落伞、快艇环岛、帆船帆板、空中悬挂滑翔、沙滩排球、沙滩风筝、沙滩足球、快艇海钓、水上飞机、海洋垂钓、休闲渔业、环岛马拉松等运动休闲项目开发得并不多，即使有但营销的手段、组织的方式还比较单一，市场化程度有待提高。

四是佛教文化旅游产品。普陀山是中国四大佛教名山之一，洞头县的中普陀寺也声名远扬，前者一年有近800万游客，后者也有几十万，但目前两地多数游客仍为香客，旅游的溢出效益并不明显。建议普陀山着手研发下列小众高端旅游产品：①佛化婚礼。目前主要存在于台湾、香港和东南亚地区，大陆杭州灵隐寺等偶然也有。婚礼沿循佛教传统仪式，包括讲道、唱经以及僧侣祝福，两人在仪式上交换信物。佛化婚礼对社会、家庭、人心乃至对人间佛教的推动，都有其正面、积极的作用。②寺庙养生养老。我国已进入老龄化社会，据统计，2016 年底我国 60 岁以上的老年人口已突破 2. 3 亿；一些中产及以上阶层人士平时忙于工作和事业，无暇顾及家中老人；佛教在我国老年人中受众很广，不少老年人是佛教信徒。普陀山可以借助知名度高、寺庙集群的优势，开展高端养生养老旅游。③境外佛学禅修营。普陀山是近代以来我国最有影响力的佛庙，观音是民间信众最多的一位佛教人物，“一山一人”在境外影响力尤其是东亚佛教圈也是如此。舟山市外事、民宗、旅游部门可以谋划“中国佛教普陀山高僧境外讲经团”，一方面宣传中国佛教，另一方面推广舟山旅游，招徕境外游客入寺体验生活，参悟佛法。使“境外佛学禅修营”成为舟山海洋海岛旅游的一道靓丽风景。五是航空工业旅游产品。波音 737 完工中心和交付中心已落户舟山朱家尖航空产业园，目前正在建设过程中，2018 年底将正式交付第一架飞机。这是波音在境外的第一个完工中心，它为舟山开展以航空工业资源为基础的工业旅游项目提供了极好机会。舟山旅游及有关部门应该未雨绸缪，在航空产业园项目的规划、建设中将航空工业和工业旅游结合起来，打造一个综合性的工业旅游拳头项目，为舟山旅游目的地打造筑基建础。

六、打响浙江海鲜美食品牌

我省海岸线长，各滨海及海岛县(市、区)海鲜美食丰富，各有所长，舟山海鲜、象山海鲜、三门海鲜、温州海鲜等都有一定的知名度，一些海鲜排档如沈家门渔港夜排档等也成为外地游客的钟爱。但各地的本土海鲜美食做法、口感基本一致，缺乏叫得响的大品牌。

打响浙江海鲜美食品牌，可以从以下几方面着手：①改变观念。追求新奇特是旅游的特征，旅游途中的饮食消费也不例外。浙江各地的海味以新鲜著称，然而，所谓的“鲜”绝对不能停留在“原汁原味”的“煮”一个字上面。旅游消费是分层的，对一般游客而言，他们所能接受的或许是价格实惠的大众海鲜，但对一些高端游客而言，可能更接受“食不厌精脍不厌细”的色香味形器俱全的海鲜美味了。②注重文化挖掘与植入。要深入挖掘当地民俗风情、海洋故事、渔业文化，并把这些植入或融入菜肴菜品、餐厅风格以及经营理念之中。让游客印象深刻的菜肴除了精选食材、精心烹调之外，一定是注重故事感和仪式感的。日本著名的怀石料理就是浙江海鲜美食的一个样板。怀石料理是日本高端海鲜料理的代名词，它分等分档，价格也因此不一样，虽人均消费往往人民币千元起步，但游客不以为“贵”，觉得“食”有所值。怀石料理除追求食材高端之外，极其讲究过程的仪式感，如食客必须穿日本传统服装和服进餐厅，菜肴上桌有严格的顺序，不同的菜肴用不同的调料，甚至连饮用什么酒也是规定了的。国内北京国际机场知渔湾餐厅的做法也值得学习，其两大“卖点”是：打新鲜牌——专做南海 6 h 抵达北京的海货；打知识牌——用餐之前先阅读海鲜小手册，以引起食欲，增加消费。③创新产品，以品牌引领市场。这方面韩国釜山的古来思鱼饼是个标杆。位于釜山海云台的古来思创建于 1963 年，专门研发、经营鱼饼，其经营理念如店名一样，继承古老制作手法，遵守古人对饮食文化诚信、认真的态度，用新鲜材料制作健康鱼饼。其经营的鱼饼有几十种之多：有蟹肉的，有虾肉的，有章鱼的，有苏子叶鱼的，有鳗鱼的，不一而足；有热乎乎可即食的，有真空包装可储存一段时间的；有咸的，有甜的，还有辣的；有做成各种颜色的面条的，有做成汤类的，有做成热狗的；有切片的，有圆柱状的，有冰糖葫芦样成串的。价格则从2000韩元到8500韩元不等。为了吸引过路客人，增强体验性，店家还推出现场亲自体验鱼饼做法，由于品牌知名度高，店面的招牌及装修等非常引人注目、个性化，近50年来，生意一直红火。目前已经在韩国其他城市及我国上海等连锁经营。

总之，独特的地理位置造就了浙江海鲜食材的不同凡响，浙江打响海鲜美食牌是完全有条件的。但不论“舟山海鲜”“象山海鲜”，还是“温州海鲜”“三门海鲜”，如要拥有独特品牌，独领市场风骚，首先要改变固有的观念，其次须通过政府引导或市场化的方法展开菜肴菜品的研究，研究过程中一定要强调个性化，突出不同地区海鲜美食的“区隔”，再次要加强品牌推广。

七、加大宣传营销力度

近几年，浙江各地市旅游行政管理部门对旅游宣传营销越来越重视，投入的经费越来越多，营销的手段越来越丰富。如舟山从2015年起每年举办国际海岛旅游大会，丽水在央视黄金时间段投入巨资做宣传，而各县(市、区)针对旅游客源地的“拉式”营销更是层出不穷，不断创新。但客观分析，针对海洋海岛旅游的专项宣传营销除舟山的国际海岛旅游大会外，大动作基本没有，这与浙江丰富的海洋海岛旅游资源显得极不相称。为此，建议在以下方面加大力度。一是继续办好国际海岛旅游大会。国际海岛旅游大会具有深刻的政治意义，它对“一带一路”建设有着积极的推进作用，有效地提升了浙江在国际上的知名度；国际海岛旅游大会更是海岛国家和地区旅游业发展“聚合效应”的体现，搭建了共同发展、共同促进的有效平台，使舟山海岛旅游走进了更多游客的视野。未来的海岛旅游大会还可以谋划：如何为浙江的5个地级市、26个滨海县(市、区)以及全国的海岛海洋旅游发展搭建舞台；对于舟山而言，以大会促产业带动、加快“千亿产业”目标的实现是其主要目的之一，所以，必须让更多的涉旅招引项目在舟山实实在在落地；如何通过大会，促舟山产品转型、市场提质增效等等。二是整合营销资源，推出统一的宣传营销品牌。在“诗画浙江”的旅游品牌下，建议整合、提炼全省海洋海岛资源，推出海洋海岛旅游宣传营销子品牌。三是创新宣传营销方法和手段。

要充分利用互联网、大数据等手段，实施精准宣传精准营销；要通过微信微博、影视植入、旅游直播等，强化宣传营销的眼球吸引力；要选择有效的营销推广商以及渠道供应商，增强宣传营销的效果感、获得感。但目前更需要的是，浙江的海岛海洋旅游宣传营销需要顶级的创意。在这方面，澳大利亚旅游胜地大堡礁的宣传推广是一个非常成功的案例。2009年初，澳大利亚昆士兰旅游局面向全球发出一则广告，高薪(15万澳元，约合人民币76万元)招聘一位大堡礁看护人。这则招聘广告因其号称“世界上最好的工作”而被广为关注。经过层层筛选，最终，34岁的英国男子本·绍索尔击败3.4万名来自世界将近200个国家和地区的应聘者，幸运地获得了由澳大利亚昆士兰旅游局提供的体验大堡礁的“全球最好工作”，成为大堡礁真正的看护人。本·绍索尔的任务是在澳大利亚大堡礁汉密尔顿岛生活6个月，通过更新博客、上传照片和视频向人们介绍汉密尔顿岛的优美风光和风土人情。这次活动让全球媒体在“毫不知情”的情况下，白白地给大堡礁做了几个月的广告。在开始的一段时间里，“世界最佳工作”招聘广告频频出现在全球报纸和电视新闻的重要位置，中国由于有2名求职者入围，国内许多媒体也争先恐后地报道了该事件。据专家分析，昆士兰旅游局以170万澳元(120万美元)的低成本，却收获了价值 1. 1 亿澳元(7500 万美元)的全球品牌。这次活动也被业内称为是“旅游策划的原子弹”，它不仅使大堡礁引得世界无数人的青睐，更促成了众多潜在旅游者成为现实旅游者。

八、加强海洋海岛旅游智库建设和人才培养

中国的旅游智库建设时间不长，数量上已初具规模，但整体研究实力还比较弱，尤其是海洋海岛旅游研究方面的智库，目前仍是空白。促进浙江海洋经济强省、海洋海岛旅游产业强省建设，应把该领域的智库建设提到议事日程上来。它的建设可以借鉴国内外成功经验和案例，如运行机制上为非营利性研究机构，机构运作上强调独立性，资金来源上要有保障，基金会、个人捐赠、政府资助都可以，研究人员强调其构成的广泛性，学科背景的多样性，可以全职也可以兼职，研究技术与方法注重定性与定量相结合。促进海洋海岛旅游产业强省建设还需强大的人才支撑。就目前而言，首先要做好人才需求和缺口的调查分析工作；其次是要盘点涉海涉各类专业人才培养及储备情况；再次是要因地而异制订有吸引力的人才培养、引进和激励政策机制。

参考文献

[1] Brent R, Geoffrey I C. The competitive destination: sustainability perspective[J]. Tourism Management, 2000, 21(1): 127-138.

[2] Charles C L, Chris C. Beyond sustainability: Optimizing island tourism development[J]. International Journal of Tourism Research, 2009, (11): 89-103.

[3] Hennessey S, Yun D, MacDonald R M. Segmenting and profiling the cultural tourism market for an Island destination[J]. International Journal of Management and Marketing Research, 2014, 7(1): 15-28.

[4] Kafyri A, Hovardas T, Poirazidis K. Determinants of visitor pro-environmental intentions on two small Greek islands: is ecotourism possible at coastal protected areas? [J]. Environmental management, 2012, 50(1): 64-76.

[5] Derrin Davis, Simon Banks, Alastair Birtles, et al. Whale sharksin Ningaloo Marine Park: Managing tourism in an Australian marine protected area[J]. Tourism Management, 1997, 18 (5): 259-271.

[6] Dvis D, Gartside D F. Challenges for economic policy in sustainable management of marinerecources [J]. Ecological Economic, 2001, 36: 223-236.

[7] Dwyer L, Forsyth P, Spurr R. Interindustry effects of tourism growth: implicationsfor destination managers [J]. Tourism Economics, 2003, 9(2): 117-132.

[8] Ghosh R N, Siddique M A B, and Gabbay R. Tourism and economic development: Casestudies from the Indian Ocean region[M]. Ashgate Publishing, 2003.

[9] Gormsen. The impact of tourism on coastal areas[J]. Geography Journal, 1997, 42(1): 39-54.

[10] Gooroochurn N, Sugiyarto G. Competitiveness indicator in the travel and tourism industry [J]. Tourism Economics, 2005, 11(1): 25-43.

[11] Hall C M. Intrduction to Tourism: Development Dimensinons and Issues[M]. South Melbourne: Addison Wesley Longman, 1998.

[12] Hall C M. Trends in ocean and coastal tourism the end of the last frontier[J]. Ocean & Coastal Management, 2001, 44: 601-618.

[13] Hovinen G R. Visitor Cycles: Outlook for Tourism in Lancaster Country [J]. Annals of Tourism Research, 1982, 9(4): 565-583.

[14] Michael Hall. Trends in ocean and coastal tourism: the end of the last frontier? [J]. Ocean & Coastal Management, 2001, 31(2): 601-618.

[15] Morgan R. Some factors affecting coastal landscape aesthetic quality assessment[J]. Landscape Research, 1999, 24(2): 167-185.

[16] Monika T T, Richard B P, Patrick C. Relationships between coastal tourism and ICM sustainability in the central Visayas region of the Philippines [J]. Ocean & Coastal Management, 2005, 48: 378-392.

[17] Larry D. Attributes of destination competitiveness: A factor analysis [J]. Tourism Analysis, 2004, 9(1): 91-101.

[18] Omkar Joshi. The influence of sociopolitical, natural, and cultural factors on international tourism growth: a cross-country panel analysis [J]. Environment, Development and Sustainability, 2017, 19(3): 825-838.

[19] Pearce D G. An Integrative framework for urban tourism research[J]. Annals of Tourism Research, 2008, 28(4): 925-946.

[20] Solstrand, MV. Institutional challenges for effective governance of consumptive wildlife tourism: case studies of marine angling tourism in Iceland and Norway[J]. Maritime Studies, 2015, 14(4): 21-35.

[21] Torres R. Cancun's tourism development from a Fordist spectrum of analysis[J]. Tourism Studies, 2002, 2(1): 98-106.

[22] Williams A T, Leatherman S P, Simmons S L. Beach aesthetic values: the SW Peninsula [M]. UK: Proc. Int. Coastal Congress, 1993.

[23] 潘宝明．江苏海洋旅游资源深度培育开发的思考[J]. 扬州大学学报(人文社会科学版), 2002, 6(3): 52-56.

[24] 袁书琪, 郑耀星．福建建设海洋旅游经济带[J]. 海洋经济, 2002, (4): 41-47.

[25] 曲金良．海洋旅游文化发展中的几个问题[J]. 青岛海洋大学学报, 1999, (1): 88-91.

[26] 盛红．滨海旅游业可持续发展的设想[J]. 青岛海洋人学学报(社会科学版), 1999, (1): 92-96.

[27] 罗明义．旅游经济分析：理论、方法、案例[M]. 昆明：云南大学出版社, 2001.

[28]保继刚．广东城市海外旅游发展动力因子量化分析[J]．旅游学刊，2002，(1)：44-48.

[29]张欣．旅游产业区域竞争力的理论研究与实证分析[D]．青岛：青岛大学，2002.

[30]梁修存，丁登山．国外海洋与海岸带旅游研究进展[J]．自然资源学报，2002，17(6)：783-791.

[31]柴寿升，吕华．中国海洋旅游市场开发的现状分析[J]．海岸工程，2002，21(1)：75-79.

[32]陈娟．中国海洋旅游资源可持续发展研究[J]．海岸工程，2003，22，(1)：103-108.

[33]朱惠君．舟山海洋旅游的市场营销策略[J]．浙江经济，2003，(18)：50-51.

[34]董玉明．海洋旅游学[M]．北京：海洋出版社，2003.

[35]孙洁，冯学钢．欧盟旅游业一体化发展的框架与策略[J]．北京第二外国语学院学报，2004，(3)：42-47.

[36]张广海，董志文．青岛市海洋休闲渔业发展初探[J]．吉林农业大学学报，2004，26(3)：347-350.

[37]张经旭．广西滨海旅游资源可持续开发研究[J]．国土与自然资源研究，2002(3)：44-46.

[38]陈娟．中国海洋旅资源可持续发展研究[J]．海岸工程．2003，22(1)：104-108.

[39]张广海，董志文．可持续发展理念下的海洋旅游开发研究[J]．中国人口·资源与环境，2004，14(3)：39-42.

[40]马丽卿．论舟山海洋旅游产业区位重构[J]．浙江海洋学院学报(人文社科版)，2004，21(3)：28-34.

[41]刘洪滨，刘康．山东滨海旅游可持续发展战略[J]．中国海洋大

学学报(社会科学版)，2005，(4)：14-17.

[42]周国忠，张春丽．我国海洋旅游发展的回顾与展望[J]．经济地理，2005，25(5)：724-727.

[43]骆高远，蒋敏学．舟山海底探奇旅游开发初探[J]．忻州师范学院学报，2005.

[44]赵一平，李悦铮．海洋文化与大连海洋旅游开发[J]．海洋开发与管理，2005，(3)：88-92.

[45]王丽萍，周丽君．区域旅游竞争力提升策略研究[J]．社会科学战线，2005，(4)：313-315.

[46]贾鸿雁．我国的海洋旅游文化资源及其开发[J]．中国海洋大学学报(社会科学版)，2006，(2)：8-11.

[47]王淼，贺义雄．我国海洋旅游资源资产的产权界定与产权关系探讨[J]．旅游科学，2006，20(4)：38-41.

[48]周国忠．海洋旅游产品调整优化研究——以浙江省为例[J]．经济地理，2006，26(5)：875-878.

[49]徐淑梅．区域旅游竞争力基本理论与评价体系研究[D]．长春：东北师范大学，2006.

[50]黄勤慧，吕军．竞争力理论在区域旅游整合中的应用[J]．湖北大学学报(自然科学版)，2007，29(1)：105-108.

[51]赵杰．浅析区域循环经济发展水平综合评价指标权重确定的方法[J]．商场现代化，2007，(23)：230-231.

[52]魏少琴．滨海旅游开发的环境影响研究[D]．上海：上海师范大学，2007.

[53]马小宁．旅游业与旅游经济——以迈阿密为例[D]．厦门：厦门大学，2007.

[54]陆林．国内外海洋海岛旅游研究进展及启示[J]．地理科学，

2007，27(4)：579-586.

[55]刘俊，保继刚．英国传统海滨度假地衰退研究——综述与启示[J]．旅游学刊，2007，22(1)：49-54.

[56]田纪鹏．我国滨海旅游空间结构研究[D]．青岛：中国海洋大学，2008.

[57]谷明．国外滨海旅游研究综述[J]．旅游学刊，2008，23(11)：87-94.

[58]张延，位寄和久．浙江省海洋旅游资源开发研究的若干建议[J]．海洋学研究，2008，26(3)：83-89.

[59]楼筱环．生态型海洋旅游发展对策研究[J]．生态经济，2008，(5)：122-125.

[60]苏北春．温州海洋旅游区位特征与吸引力分析[J]．地理科学，2008，28(3)：452-456.

[61]张德利．连云港市海岛潜在旅游资源评价[J]．海洋开发与管理，2009，26(2)：67-70.

[62]刘雯，盛红．建设山东省海洋旅游经济带研究[J]．改革与战略，2009，25(5)：129-131.

[63]杨敏．日照市海洋旅游竞争力研究[D]．青岛：中国海洋大学，2009.

[64]马丽卿，胡卫伟．产业转型期的长三角区域海洋旅游特色产品链构建[J]．人文地理，2009，(2)：125-128.

[65]苏勇军．宁波市海洋旅游节庆品牌塑造研究[J]．渔业经济研究，2005，(5)，24-27.

[66]张广海，刘佳．中国大陆海洋旅游功能区划研究[J]．北京第二外国语学院学报，2009，(11)：1-8.

[67]程胜龙．海岸带旅游可持续发展研究[D]．兰州：兰州大

学，2009.
[68]於贤德．论海洋旅游的资源开发及其人文意义[J]. 浙江学刊，2010，(6)：162-166.
[69]蔡勤禹，魏德志，霍春涛．近年来我国海洋旅游变迁述论[J]. 海洋科学，2010，32(1)：32-37.
[70]黄蔚艳．海洋旅游危机事件的预防机制研究——基于海洋旅游者视角[J]. 山东大学学报(哲学社会科学版)，2010，(4)：1-9.
[71]张璟，曹睿，杨媛媛，等．青岛国内邮轮旅游市场现状与潜力调查[J]. 消费导刊，2010，29(4)：1-4.
[72]张延．基于离散选择回归模型的中日海洋旅游产品选择对比研究[J]. 经济地理，2011，31(3)：504-508.
[73]金贞熙．浅析中韩两国海洋旅游资源开发及应用[J]. 江苏商论，2011，(11)：93-95.
[74]刘明，徐磊．我国滨海旅游市场分析[J]. 经济地理，2011，31(2)：317-321.
[75]罗烨，贾铁飞．浙江沿海岛屿旅游可持续发展评价研究—以嵊泗列岛为例[J]. 上海师范大学学报(自然科学版)，2011，40(3)：318-325.
[76]柯丽娜，王权明，宫国伟．海岛可持续发展理论及其研究评价[J]. 资源科学，2011，33(7)：1304-1309.
[77]谷传娜．山东半岛蓝色经济区海洋旅游竞争力分析及政策建议[D]. 济南：山东财经大学，2012.
[78]秦诗立．浙江高端海洋旅游发展思路与对策探析[J]. 海洋经济，2012，2(5)：43-48.
[79]周秋麟．欧盟蓝色经济发展现状和趋势[J]. 海洋经济，2013，3(4)：32-35.

[80]许兆欢．粤西欠发达地区海洋旅游经济发展思路——以广东阳江为例[J]. 社会科学家，2013，(6)：95-97.

[81]李文峰，姜佳将．全要素协同：国内海洋旅游综合改革路径研究——以舟山群岛为例[J]. 浙江学刊，2013，(6)：205-209.

[82]秦诗立．地中海海岛旅游发展经验与启示[J]. 海洋开发与管理，2013，(1)：72-75.

[83]李悦铮，李鹏升，黄丹．海洋旅游资源评价体系构建研究[J]. 资源科学，2013，35(2)：318-324.

[84]朱永猛．产业融合视角下浙江海洋旅游管理体制研究[D]. 舟山：浙江海洋学院，2013.

[85]田东娜，冯筱婧，江海旭．环渤海地区海洋旅游发展研究[J]. 海洋开发与管理，2014，(2)：111-114.

[86]冯筱婧，李悦铮，江海旭．海洋旅游资源评价指标体系构建研究[J]. 海洋经济，2014，4(1)：24-29.

[87]鲍富元．海洋旅游融合发展的理论体系构建与应用——基于海南的发展实践[J]. 海洋经济，2014，4(1)：35-43.

[88]姜烨．基于耦合性广东省海洋经济与环境协调发展研究[D]. 湛江：广东海洋大学，2014.

[89]张耀光，王国力，刘锴，等．中国区域海洋经济差异特征及海洋经济类型区划分[J]. 经济地理，2015，35(9)：87-95.

[90]王苧萱．区域海洋旅游竞争力提升研究——以山东省为例[J]. 东岳论丛，2015，36(4)：103-107.

[91]张佑印．中国海洋旅游市场特征机制及目的地响应研究[M]. 北京：中国环境出版社，2015.

[92]杨德进．海洋旅游——国家视线与实践探索[M]. 北京：中国旅游出版社，2015.

[93]陈文捷，王坤．北部湾海洋旅游资源整合模式研究[J]．改革与战略，2015，31(3)：98-101.

[94]张佑印，马耀峰，李创新．国内海洋旅游市场规模特征及繁荣度研究[J]．地域研究与开发，36(6)：98-103.

[95]马仁锋，吴杨，张旭亮，等．浙、台海洋旅游研究动态及两岸旅游合作新思维[J]．资源开发与市场，2015，31(2)：259-264.

[96]高群．中国沿海 11 省市海洋经济发展质量综合评价研究[D]．大连：辽宁师范大学，2016.

[97]孙静，杨俊，席建超．中国海洋旅游基地适宜性综合评价研究[J]．资源科学，2016，38(12)：2244-2255.

[98]周彬，范玢，王璐璐．浙江省宁波市海洋旅游资源开发对策[J]．宁波大学学报(人文科学版)，2016，29(2)：84-89.

[99]苏勇军，李加林．浙江省滨海旅游发展报告[M]．杭州：浙江大学出版社，2016.

[100]刘欢，杨德进，王红玉．国内外海洋旅游研究比较与未来展望[J]．资源开发与研究，2016，32(11)：1398-1403.

[101]庄庆达，萧尧仁．海洋游憩规划与管理[M]．台北：五南图书出版股份有限公司，2008.

[102]庄庆达，胡兴华，邱文彦，等．海洋观光休闲之理论与应用[M]．台北：扬智文化事业股份有限公司，2010.

[103]李中，孟繁强．旅游产业融合——战略范例实践[M]．北京：中国旅游出版社，2015.

[104]董杨．海洋经济对我国沿海地区经济发展的带动效应评价研究[J]．宏观经济研究，2016，(11)：161-166.

[105]王泽宇，卢函，孙才志等．中国海洋经济系统稳定性评价与空间分异[J]．资源科学，2017，39(3)：565-576.

[106]杨国涛．海洋旅游文化资源及其开发[J]．黑河学刊，2017，(2)：1-2.

[107]马仁锋，王腾飞，吴丹丹．长江三角洲地区海洋科技——海洋经济协调度测量与优化路径[J]．浙江社会科学，2017，(3)：11-18.

[108]丁硕重．海洋旅游学[M]．李承子，林瑛，黄林花，金桂花译．上海：上海译文出版社，2016.

[109]崔凤，宋宁而．中国海洋社会发展报告(2015)[M]．北京：社会科学文献出版社，2015.

[110]龚箭．海南国际旅游岛刍论[M]．武汉：湖北人民出版社，2013.

[111]杜珍珍，王梦梦，周国强，等．浙江洞头海洋地貌特征及其旅游利用优化研究[J]．改革与开放，2016 (23)：72-74.

[112]冯友建，于颖．基于 DEA 的浙江省海洋旅游业效率研究[J]．海洋开发与管理，2016 (5)：75-79.

[113]郭旭，曹敏．舟山休闲渔业发展浅析[J]．渔业经济研究，2009 (2)：44-48.

[114]胡念望．温州海洋文化旅游发展战略与保障措施研究[D]．舟山：浙江海洋学院，2014.

[115]李淑娟，张甜甜，谵杨杨．基于人地关系论的国内外海岛旅游研究分析[J]．资源开发与市场，2016，32(7)：892-896.

[116]苏勇军．“海上浙江”建设背景下浙江海洋旅游发展思考[J]．宁波经济（三江论坛)，2010，(3)：03.

[117]王大悟．海洋旅游开发研究-兼论舟山海洋文化旅游和谐发展的策略[J]．旅游科学，2005，19(5)：68-72.

[118]谢力群．浙江海洋经济发展示范区建设回顾与展望[J]．浙江经

济，2014（15）：5-8.

[119]徐海军．基于入境旅游视角的国际旅游岛建设标准与评价体系研究[D]．南京：南京师范大学，2011.

[120]虞锡君，郁文．嘉兴滨海开发带动腹地经济发展探讨[J]．嘉兴学院学报，2012，24(5)：35-40.

[121]章尚正，赵磊．区域旅游国际化发展竞争力评价指标体系研究——以皖南国际旅游文化示范区为例[J]．安徽农业大学学报：社会科学版，2012，21(2)：29-34.

[122]周彬，王璐璐，虞虎等．舟山群岛海洋旅游发展策略研究[J]．宁波大学学报：人文科学版，2015，28(4)：105-109.

[123]周国忠．基于协同论、“点—轴系统”理论的浙江海洋旅游发展研究[J]．生态经济，2006，7：114-118.

[124]朱晓辉．舟山群岛新区高层次海洋旅游人才培养研究[J]．管理观察，2014，（32）：178-182.

[125]周明飞．浙江海洋旅游业的可持续发展分析与控制[J]．旅游学刊，1999，（1）：47-50.

[126]郭鲁芳．浙江海洋旅游可持续发展对策研究[J]．江苏商论，2005，（12）：103-105.

[127]胡卫伟，李隆华，王湖滨．浙江舟山海洋旅游品牌构建与发展对策[J]．全国商情：经济理论研究，2007（7）：9-11.

[128]潘海颖．浙江海洋旅游生态建设范式研究[J]．经济论坛，2010（1）：75-78.

[129]秦诗立．浙江高端海洋旅游发展思路与对策探析[J]．海洋经济，2012，2(5)：43-48.

[130]刘永泉，孟建国．嘉兴发展海洋经济不容回避的若干问题[J]．价值工程，2013，（2）：169-170.

[131]张同宽．开发海洋体育特色旅游支持系统的研究[J]. 湖北体育科技，2007，26(4)：395-397.

[132]石兆文．舟山休闲渔业发展的现状、问题及对策[J]. 渔业经济研究，2005，(1)：37-40.

[133]丁家元，于立新．嘉兴市海洋功能开发和管理的思考[J]. 中国水运：下半月，2012，(5)：33-34.

[134]林文毅，卢昌彩．建设台州海洋文化的思考[J]. 海洋经济，2013，3(2)：54-58.

[135]国家旅游局规划财务司 . 2017 年全国旅游规划发展工作会议材料汇编[R]. 2017-02.

[136]嘉兴市发展和改革委员会．嘉兴市旅游业发展“十三五”规划[R]. 2016-09.

[137]宁波市旅游局．宁波市“十三五”旅游业发展规划[R]. 2017-01.

[138]台州市旅游局．台州市旅游业发展“十三五”规划[R]. 2016-12.

[139]温州市旅游局．温州市旅游业“十三五”发展规划[R]. 2016-07.

[140]舟山市旅游委员会．舟山市旅游业发展“十三五”规划[R]. 2016-08.

[141]浙江省人民政府办公厅．浙江省旅游业发展“十三五”规划[R]. 2016-12.

[142]第十二届全国人民代表大会常务委员会常务委员会第二次会议. 中华人民共和国旅游法 . 2013-04-25.

[143]第十二届人民代表大会常务委员会第二十三次会议．浙江省旅游条例. 2016-01-01.

[144]国务院．关于加快发展旅游业的意见，国发〔2009〕41 号 .

[145]国务院．关于促进旅游业改革发展的若干意见，国发〔2014〕31 号 .

[146] 国务院办公厅. 2013 年国民旅游休闲纲要(2013—2020 年), 国办发〔2013〕.

[147] 国务院办公厅. 关于进一步促进旅游投资和消费的实施意见, 国办发〔2015〕62 号.

[148] 国务院办公厅. 关于促进通用航空业发展的指导意见, 国办发〔2016〕38 号.

[149] 国务院办公厅. 关于加强旅游市场综合监管的通知, 国办发〔2016〕5 号.

[150] 国务院办公厅. 关于加快发展生活性服务业促进消费结构升级的指导意见, 国办发〔2015〕85 号.

[151] 国土资源部、住房和城乡建设部、国家旅游局. 关于支持旅游业发展用地政策的意见, 国土资规〔2015〕10 号.

[152] 中共浙江省委、浙江省人民政府. 关于建设旅游经济强省的若干意见, 浙委[2004]23 号.

[153] 中共浙江省委、浙江省人民政府. 中共浙江省委关于建设美丽浙江创造美好生活的决定, 浙委发[2014]14 号.

[154] 浙江省政府. 关于加快培育旅游业成为万亿产业的实施意见, 浙政发〔2014〕42 号.

[155] 浙江省人民政府办公厅. 关于提升发展农家乐休闲旅游业的意见, 浙政办发〔2011〕82 号.

[156] 浙江省人民政府办公厅. 关于确定民宿范围和条件的指导意见, 浙政办发〔2016〕150 号.

[157] 浙江省旅游发展领导小组办公室. 浙江省全域旅游示范县(市、区)创建工作实施意见>的通知, 浙旅发组办〔2017〕1 号.

[158] 浙江省旅游局. 浙江省旅游风情小镇认定办法(试行), 浙旅产业〔2016〕144 号.

[159]浙江省旅游局．浙江省旅游局行政处罚裁量基准(试行)，浙旅政法〔2016〕118号．

[160]浙江省旅游局．浙江省慢生活休闲旅游示范村创建工作实施意见，浙旅产业〔2016〕145号．

[161]浙江省旅游局．浙江省全域旅游示范县(市、区)创建工作指南，浙旅规划〔2017〕88号．

[162]方敏，徐云松，章艺，等．基于旅游地意象的临安市民宿发展研究[J]．中南林业科技大学学报(社会科学版)，2016(2)：50-53.

[163]卢跃东，徐云松，刘晖．"一业驱四化"，桐乡市旅游综合改革的核心内涵[J]．旅游学刊，2014，29(10)：8-9.

[164]郎富平，徐云松．工业旅游发展的"达利"模式研究[J]．浙江工商大学学报，2013，1(3)：85-91.

[165]徐云松，詹兆宗．旅游公共服务体系建设促杭州转型升级[J]．旅游学刊，2012，27(2)：11-12.

[166]徐云松，邓德智．杭州西湖旅游产品优化与升级的思考[J]．商业经济与管理，2004(6)：59-62.

[167]王昆欣，徐云松，阎纲，等．一个值得去大力开发的旅游市场——关于浙江省农村旅游市场情况的调查报告[J]．旅游学刊，2000，15(6)：45-51.

[168]徐云松．把握民宿五大特征促进民宿健康发展[N]．中国旅游报，2016-11-25(A5).

[169]卢跃东，徐云松，刘晖．"一业驱四化"，桐乡市旅游综合改革的核心内涵[J]．旅游学刊，2014，29(10).

[170]徐云松，邓德智．杭州西湖旅游产品优化与升级的思考[J]．商业经济与管理，2004，(6).

[171]徐云松．民宿发展须澄清的五个误区[N]．中国旅游报，2016-11-18(A5)．
[172]徐云松．浙江旅游创新发展的若干命题[N]．中国旅游报，2013-04-14(11)．
[173]徐云松，詹兆宗．旅游公共服务体系建设促杭州转型升级[J]．旅游学刊，2012，27(2)．
[174]叶乐安，刘霞，徐薇．对外贸易与经济增长——来自温州的实证[J]．中国集体经济，2011(08)．
[175]叶乐安．海峡西岸经济区开发建设对温州经济的影响研究[J]．中国流通经济，2010(09)．
[176]叶乐安．加快乐清湾港区和港口工业区建设[J]．浙江经济，2005(10)．
[177]李冬．基于因子分析的高校乡村旅游创客影响因素及模式研究[J]．中南林业科技大学学报(社会科学版)，2017，11(2)．
[178]李冬．千岛湖瑶山乡乡村旅游调查[J]．中国电子商务，2012(20)．
[179]屠红卫，李冬．旅游产业的价值链会计应用研究[J]．商业时代，2009(3)．
[180]叶斐．杭州大学生旅游市场的现状及对策研究[J]．商情，2014(38)．

索　　引